칸트처럼 생각하기,
칸트처럼 글쓰기

칸트처럼 생각하기,
칸트처럼 글쓰기

ⓒ 김성한, 2025

초판 1쇄 발행 2025년 10월 28일

지은이	김성한
펴낸이	이기봉
편집	좋은땅 편집팀
펴낸곳	도서출판 좋은땅
주소	서울특별시 마포구 양화로12길 26 지월드빌딩 (서교동 395-7)
전화	02)374-8616~7
팩스	02)374-8614
이메일	gworldbook@naver.com
홈페이지	www.g-world.co.kr

ISBN 979-11-388-4842-8 (03160)

- 가격은 뒤표지에 있습니다.
- 이 책은 저작권법에 의하여 보호를 받는 저작물이므로 무단 전재와 복제를 금합니다.
- 파본은 구입하신 서점에서 교환해 드립니다.

칸트처럼 생각하기,
칸트처럼 글쓰기

저자 김성한

우리 시대 마지막 글쓰기 교본

좋은땅

프롤로그

생각 없이 쓴 글은, 존재하지 않는 것과 같다.

글을 쓰겠다고 책상 앞에 앉았다. 아무 말도 떠오르지 않는다.
단어가 입안에서만 맴돌고 종이 위로 굴러 떨어지지 않는다.

"왜 안 써지지?"
"내가 글을 못 써서 그런가?"
"어디서부터 잘못된 거지?"

이런 좌절감을 느껴 본 적 있는가?

글을 쓴다는 건 단순히 문장을 조립하는 행위가 아니다. 생각을 정리하고, 생활을 조직하고, 나아가 존재를 표현하는 일이다. 글쓰기는 가장 일상적인 철학의 실천이다. 그런데 지금까지 나는 그 사실을 몰랐거나, 애써 외면해 왔다.

글쓰기를 기술이라고 배웠다. 많은 글쓰기 책들이 문장 구성과 글을 다듬고 퇴고하는 기술을 가르친다. 하지만 나는 묻고 싶었다. "그 기술 이전의 생각은 어디로 갔는가?" "문장의 구조는 가르치면서, 생각의 구조는 왜 가르치지 않는가?" 책은 바로 이 질문에서 시작되었다.

내가 이 책을 쓰기로 결심한 날, 스스로에게 세 가지 질문을 던졌다.

"글을 쓴다는 건 무엇인가?"
"생각을 글로 옮긴다는 건 어떤 과정인가?"
"철학자 칸트가 내 글쓰기 선생님이라면, 어떻게 나를 훈련시킬까?"

그 질문의 끝에서 철학자 칸트와 매일 글을 써야 하는 사람인 나를 연결 짓는 다리를 발견했다.

칸트의 사유는 멀게만 느껴지는 역사 속 어떤 철학자만의 언어가 아니다. 칸트는 혼란한 마음을 명료하게 바꾸는 사유의 편집자였다. 그는 책 한 권 탈고하는 데 10년이라는 인고의 세월을 견뎌 내었다. 지난한 퇴고의 과정이었다. 루틴을 통해 사유하고, 고치며 또 고치며 문장을 뽑아낸 사람이었다.

내가 이 책을 마지막 글쓰기 교본이라 부르는 이유는 단 하나다. 바로 문장론 이전의 사유하는 법을 담고 있기 때문이다. 이제껏 어떤 글쓰기 책도 생각하는 법부터 가르쳐 준 적은 없었다.

글을 쓰기 전에 생각부터 해야 한다. 그리고 그 생각을 문장으로 정확히 옮겨야 한다. 옮기려면 사유의 원칙이 필요하다. 철학적 질문이 필요하다. 글쓰기의 윤리가 필요하다.

이 책에 나의 모든 것을 담았다. 칸트라는 위대한 지성의 철학을 통해 매일 '세상과 나'를 사유하며 글을 쓰는 독자를 돕고자 한다. 당신의 글쓰기를 생각의 심연으로 끌어들일 것이다. 단어를 정확하게 선택하고, 문장을 타당하게 짓고, 세상일을 글로 정리하는 법을 책 속에 차곡차곡 담아 정리했다.

글은 나를 닮는다. 생각이 흐릿하면 글도 흐릿해진다. 사유가 날카로우면 문장도 또렷해진다. 결국 나는 내가 쓴 문장 속에서 살아간다. 글은 쓰는 나를 정의한다. 글은 내가 누구인가를 묻고, 동시에 답한다. 프리랜서로서 나는 매일 글을 쓴다. 글은 나를 담금질하는 사유의 흐름이다.

이 책은 칸트처럼 사유하고, 칸트처럼 글을 구성하는 훈련의 장이다.

당신은 혼자가 아니다. 이 책과 함께 생각부터 먼저 정리하는 글쓰기 여정을 시작해 보자.

칸트와 함께 마지막 글쓰기 교본을 완성하자.

목차

프롤로그   5

제1부
칸트처럼 생각하기 — 글은 생각의 궤적이다

1장   **인식의 명료화** - 나는 무엇을 알 수 있는가?   16

      1절. 생각의 질서 세우기   17
      2절. 칸트의 문제의식   21
      3절. 5단계 인식 프레임   23

2장   **개념과 판단의 기술** - 어떻게 생각할 것인가?   31

      1절. 개념 없는 생각은 공허하다   33
      2절. 판단 없는 글은 중심이 없다   36
      3절. 글은 생각의 그릇이다   39

3장   **철학적 주관과 목적** - 무엇을 생각할 것인가?   48

      1절. 주관적 확신 vs 객관적 타당성   49
      2절. 목적 없는 생각은 쉽게 길을 잃는다   52
      3절. 칸트는 왜 의도를 중시했는가?   55

4장   칸트의 인식프로세스 – 생각은 어떻게 글이 되는가?   *61*

1절. 생각 흐름 - 감성 > 직관 > 개념 > 판단 > 이성   *63*
2절. 글쓰기의 주관과 객관 균형 맞추기   *66*
3절. 생각을 간결하게 구성하는 2개의 인식프레임   *70*

5장   칸트의 12범주 – 글의 구조를 다지는 칸트식 도구   *80*

1절. 칸트의 12범주란 무엇인가?   *81*
2절. 생각을 분류하는 양·질·관계·양태   *87*
3절. 범주 기반 글쓰기 실습 —수필/칼럼/논평 예시   *104*

6장   현실 문제에 대한 사유 – 생각, 세상으로 내려오다   *126*

1절. 문제 설정   *128*
2절. 철학적으로 문제를 재구성하는 법   *130*
3절. 사회와 세상을 읽는 글쓰기 훈련   *132*

제2부
칸트처럼 글쓰기 — 글이 곧 나의 존재다

7장　정직한 문장　　　　　　　　　　　　　　　　*142*

1절. 투박한 문장이 독자에게 신뢰를 준다　　　　*143*
2절. 글의 중심을 잡는 '진심의 구조'　　　　　　*146*
3절. 거짓 없는 글쓰기를 위한 셀프 점검 리스트　*149*

8장　철학적 독해와 비판적 사고　　　　　　　　*155*

1절. 글을 읽는 법이 글을 쓰는 법이다　　　　　　*156*
2절. 칸트처럼 읽고 질문하라　　　　　　　　　　*159*
3절. 나쁜 글을 감별하는 비판적 사고 훈련　　　　*162*

9장　글쓰기로 세상에 긍정적 영향 남기기　　　　*168*

1절. 내가 쓴 문장이 나를 만든다　　　　　　　　*170*
2절. 윤리적 글쓰기란 무엇인가　　　　　　　　　*172*
3절. 철학적 글쓰기의 실천　　　　　　　　　　　*175*

| 10장 | **글쓰기 루틴의 철학** | *181* |

1절. 매일 쓰는 철학자의 습관　　　　　　　　　　*182*
2절. 글쓰기를 위한 사고 예열법　　　　　　　　　*185*
3절. 칸트의 산책처럼 일상의 리듬 유지　　　　　　*188*

| 11장 | **글쓰기가 힘들 때 대처하는 철학** | *194* |

1절. 공허와 막막함을 견디는 존재론적 시선　　　　*195*
2절. 완벽한 문장이 아니라 존재하는 문장　　　　　*198*
3절. 쓰기 싫은 날, 칸트를 꺼내 읽는 이유　　　　　*201*

| 12장 | **칸트가 나의 편집자라면** | *207* |

1절. 칸트식 퇴고의 정석　　　　　　　　　　　　　*209*
2절. 비문을 판단으로 바꾸는 법　　　　　　　　　*211*
3절. 고쳐 쓰는 글, 고쳐 쓰는 삶　　　　　　　　　*214*

에필로그 220

부록1 칸트의 12범주 요약표 & 글쓰기 적용 가이드 222
부록2 글쓰기 점검을 위한 철학적 질문 카드 12세트 226
부록3 철학적 글쓰기를 위한 문장 윤리 선언문 230
부록4 칸트 주요 저서 연표와 인생 타임라인 233
부록5 칸트식 사고 훈련 워크시트 236
부록6 수필 모음- '소영아, 오늘은 울지 마라,
아빠도 참는다' 외 240

제1부

칸트처럼 생각하기

글은 생각의 궤적이다

작가들이 자신의 혼란스러운 생각을 정리하고, 글로 전환하기 위한 첫 번째 철학적 훈련의 장이다.

글을 쓰기 전에 해야 할 일은 단 하나, 사유의 질서를 잡는 것이다.『칸트처럼 생각하기, 칸트처럼 글쓰기』의 제1부는 글쓰기의 기술을 배우기에 앞서, 사유의 뿌리를 다지고 생각의 골격을 세우는 데 집중한다.

1장. 인식의 명료화 - 무엇을 알 수 있는가?
칸트의 질문, '나는 무엇을 알 수 있는가'를 통해 감성, 직관, 개념, 판단의 흐름을 따라 사유의 출발점을 정리한다.

2장. 개념과 판단의 기술 - 어떻게 생각할 것인가?
생각을 멈추지 않고 판단으로 끌어올리는 훈련. 막연한 느낌 대신, 자신이 어떤 관점에 서 있는지를 점검한다.

3장. 철학적 주관과 목적 - 무엇을 생각할 것인가?
글을 쓰며 중간에 흔들리는 이유는 자기 글의 주관과 목적이 불분명하고, 글을 쓰는 사람으로서 정체성 확립이 미흡하기 때문이다. 3장에서 이 점을 따져 본다

4장. 칸트의 인식프로세스 - 생각은 어떻게 문장이 되는가?
감성 → 직관 → 개념 → 판단 → 이성, 감성에서 이성으로의 전환을 실용적으로 설명한다.

5장. 칸트의 12범주 - 글의 구조를 다지는 칸트식 도구
칸트의 12범주(양, 질, 관계, 양태)를 글쓰기의 프레임워크로 활용하여 생각을 분류하고, 문장으로 글의 뼈대를 짜는 도구 사용법을 제시한다.

6장. 현실 문제에 대한 사유 - 생각, 세상으로 내려오다

글을 통해 세상을 해석하고, 문제를 구조화하는 법과 생각을 실천으로 연결하는 훈련법을 제공한다.

핵심 메시지

1~3장은 생각의 기초편으로, 사유의 혼돈을 정리하고 생각하는 글쓰기를 위한 내적 질서를 세운다. 철학을 통해 왜 쓰는가를 질문하는 토대를 제공한다.

4~6장은 생각의 구조편으로, 사유를 실제 문장 구조로 전환하는 응용편이다. 칸트의 철학 개념을 도구로 활용하여, 혼돈 속 생각을 글이라는 질서로 변환해 내는 훈련을 한다.

글쓰기는 결국 사유의 흐름을 구조화하는 일이다. 무엇을 쓰기보다, 어떻게 생각하는가를 먼저 배운다.

1장

인식의 명료화
- 나는 무엇을 알 수 있는가?

글이 막히는 가장 근본적인 이유는 무엇을 쓸지 모르겠다는 막연함 때문이다. 1장은 이 혼란의 본질을 파헤치기 위해 칸트의 질문, '나는 무엇을 알 수 있는가?'에서 시작한다. 이 질문은 단지 철학적인 추상 개념이 아니라, 글을 쓰려는 사람에게 가장 현실적인 출발점이다. 무엇을 알고 있는지 정확히 이해해야 무엇을 말할 수 있는지도 정리되기 때문이다.

칸트는 인식이 이루어지는 구조를 '감성 → 직관 → 개념 → 판단 → 이성'이라는 흐름으로 설명했다.
이 책에서는 '감성 → 직관 → 개념 → 판단 → 문장'이라는 프레임으로 필요할 때 변환하여 글쓰기 흐름을 설명한다.

개념과 개념이 만나는 판단은 논리에서는 명제가 되고 국어에서는 문장으로 불린다. 또한 판단과 판단이 만나 생각이 도약하는 과정에서 추론이 형성된다. 이때 이성이 역할을 한다. 판단과 이성을 바탕으로 이루어지는 추론은 문장을 매개체로 연결된다. 문장과 문장으로 이루어진 글은 단락이 되고 나아가 칼럼이 되고 책으로 만들어진다. 언어활동의 기본단위인 문장이 사유의 매개체다. 4장에서 다시 한번 깊게 다룬다. 이성에 근거한 추론과 논리과정은 이번 검토 범위에서 제외했다.

감성 → "지금 내가 느끼는 것은 무엇인가?"
직관 → "그 느낌은 어떤 경험에서 비롯되었는가?"
개념 → "이 경험은 어떤 생각이나 개념으로 이어지는가?"
판단 → "그래서 나는 어떤 입장을 갖게 되었는가?"
문장 → "이 생각은 어떤 문장과 글로 나타날 수 있는가?"

이 과정을 거치면 막연했던 생각은 구조화된다. 글의 중심이 되는 판단이 선명하게 떠오른다. 1장은 독자에게 자기 내면을 정리하는 기술을 제공하며, 글을 쓰기 위한 사유의 첫 걸음을 내딛도록 돕는다.

핵심 메시지

글은 지식이 아니라 인식에서 출발해야 한다. 우리는 '무엇을 쓰는가?'보다 '무엇을 명확히 알고 있는가?'를 먼저 물어야 한다. 이 질문이야말로 철학적 글쓰기의 첫 걸음이다. 글쓰기의 본질은 곧 인식의 명료화다.

1절. 생각의 질서 세우기

"무엇을 쓸지 모르겠어요."

프리랜서들이 가장 많이 토로하는 말이다. 아이디어가 없어서라기보다 오히려 너무 많은 생각이 한꺼번에 몰려와서 아무것도 쓰지 못한다.

왜 우리는 생각을 많이 하는데도, 정작 쓸 말이 없는 걸까? 그 이유는 간단하다. 생각을 명료하게 구성하지 못했기 때문이다.

1. 우리는 생각한다고 착각하고 있다

우리는 하루에도 수천 가지의 단편적인 자극을 받는다. 뉴스, SNS, 댓글, 메신저, 주변인의 말, 책 속 문장, 갑자기 떠오른 기억들.

이들은 모두 우리의 뇌에 정보로 쌓인다. 그런데 이 정보들을 정리하고 해석하고 판단하는 단계로 넘어가지 못하면, 그것은 생각이 아니라 노이즈에 불과하다.

노이즈는 많지만, 구조화된 사유는 없다. 글을 쓰려 할 때, 머릿속은 복잡하고 문장은 한 줄도 안 나온다. 마치 책상 위가 뒤엉킨 서류들로 가득하여 필요한 자료를 바로 찾을 수 없는 것처럼.

2. 칸트는 인식의 구조를 제안했다

칸트가 위대한 이유는, 인간의 인식이 어떻게 처리되는지를 처음으로 철저히 분석했기 때문이다.

칸트는 인간의 인식 과정을 이렇게 보았다.

감성: 외부 세계의 자극을 받아들임(경험의 시작)
직관: 자극을 시간과 공간 속에서 정리함
개념: 직관을 머릿속에서 의미화함
판단: 개념들을 서로 연결해 문장이나 명제를 이룸
이성: 판단들을 종합해 체계적인 사고로 확장함

생각을 밀어붙여 주장으로 연결하려면, '감성-직관-개념-판단-이성'이라는 흐름을 따라야 한다는 뜻이다.

3. 당신은 지금 감성과 노이즈 사이에서 길을 잃고 있다

프리랜서들의 글이 술술 풀리지 않는 진짜 이유는, 혹시 감성이나 직관의 단계에서 멈춰 있기 때문이 아닐까? 세상의 자극은 받아들이지만, 그것을 시간과 공간 안에 정리하고, 개념으로 묶고, 판단으로 발전시키는 과정을 생략했기 때문이 아닐까? 떠도는 감각들에만 매몰되어 있지 않았는지를 살펴볼 일이다.

예를 들어 보자.
"요즘 사회가 이상해." 이건 감성이다.
"시간이 지날수록 사람들이 점점 감정적으로 변하는 것 같아." 이건 직관이다.
"감정적 반응이 늘어나는 건 자기존중감의 결여 때문이 아닐까?" 드디어 개념을 만났다.
"자기존중감이 낮은 사람들로 구성된 사회는 결국 공동체의 신뢰 기반을 무너뜨린다." 이건 판단이다.
"따라서 우리는 감정 교육과 함께 자기 성찰의 문화를 만들어 나가야 한다." 이성을 만나 생각이 도약하였다.

이상한 요즘 사회에서 자기 성찰로 생각이 확장되었다. 질서 있는 글을 쓰기 위해선 이 흐름을 거쳐야 한다. 우리는 대부분 감성과 직관까지만 체험하고, '개념-판단-이성'으로 나아가지 못한다. 그 결과, 글은 떠다

니는 감정의 조각이 되어 흐리멍덩하게 보이고 만다.

4. 글쓰기의 시작은 생각의 질서를 세우는 일이다.

글을 잘 쓰고 싶다면, 생각을 먼저 명료하게 구성할 수 있어야 한다. 시작은 '나는 지금 무엇을 인식하고 있는가?'를 묻는 것이다. 이 인식은 외부의 사실인가? 내부의 감정인가? 해석인가? 믿음인가? 글쓰기의 첫 번째 훈련은 문장 쓰기가 아니다. 생각 정리가 먼저다.

생각의 흐름 정리 훈련

다음은 당신의 머릿속 생각을 정리하기 위한 실전 훈련이다. 오늘 하루 가장 강렬했던 감정을 적어 보자. 그 감정이 일어난 이유를 시간·공간·상황으로 정리해 보자.

1) 시간: 인과, 즉 원인과 결과를 따져 순서를 매긴다.
2) 공간: 배열과 편집이다.
3) 그 상황에서 당신이 얻은 개념(교훈, 해석, 원리)을 한 줄로 요약하라.
4) 개념이 당신 삶 혹은 사회에 어떤 영향을 주는지 판단해 보라.
5) 마지막으로 판단으로부터 어떤 삶의 방향성이 도출되는가를 서술하라.

이 다섯 단계를 반복하면, 당신은 더 이상 막막하지 않고, 생각과 문장이 흘러나오는 경험을 하게 된다.

2절. 칸트의 문제의식

"무엇을 써야 하지?"
"이게 말이 되는 걸까?"
"내 생각은 정리된 걸까, 아니면 그냥 감정일까?"

글쓰기 전에 떠오르는 이 질문들은 결코 사소하지 않다. 질문 방식 자체가 글쓰기의 품질을 결정짓는다.

1. 칸트가 던진 3가지 질문
칸트는 인간의 이성을 이해하기 위한 핵심 질문 세 가지를 제시했다.

- ➤ '나는 무엇을 알 수 있는가?' (인식의 한계)
- ➤ '나는 무엇을 해야 하는가?' (도덕의 기준)
- ➤ '나는 무엇을 희망할 수 있는가?' (삶의 의미)

3가지 질문은 단순한 철학이 아니라, 사고를 정리하는 근본 프레임이다. 글을 쓸 때도 마찬가지다. 이 질문들을 글쓰기의 출발점으로 삼으면, 막막함 속에서도 논리와 윤리를 갖춘 의미 있는 문장을 구성할 수 있다. 칸트는 이 문제의식을 평생 유지했다.

2. 질문이 생각을 구조화한다
글을 잘 쓰는 사람은, 생각을 잘 구조화하는 사람이다. 그리고 생각을 잘 구조화하는 사람은, 질문을 명확히 던질 줄 아는 사람이다. 칸트는 질문을 통해 사유의 흐름을 분해했다. 우리도 복잡한 생각을 질문하여 세밀하게 나누는 법을 배워야 한다.

예시: '요즘 내가 지친 이유'라는 글을 칸트식 질문법으로 나눠 보기

① **나는 무엇을 알 수 있는가?**
→ 나는 요즘 피곤함을 느낀다. 왜? 일의 양? 인간관계? 건강 문제?
→ 피곤함의 원인을 사실 중심으로 정리하라. 감정이 아닌 구체적 데이터로.

② **나는 무엇을 해야 하는가?**
→ 마감 일정 때문에 지친 상태를 며칠 더 유지할 것인가? 아니면, 당장 회복할 것인가?
→ 해야 할 선택은 무엇이며, 어떤 기준(가치, 윤리)에 따라야 하는가?

③ **나는 무엇을 희망할 수 있는가?**
→ 이 상황을 통해 나는 어떤 변화나 의미를 기대할 수 있는가?
→ 나의 다음 상태는 어떤 모습인가? 그 비전은 실현 가능한가?

이 세 가지 질문을 던지고 곧 설명할 5단계 인식 프레임으로 사유를 정리하면, 막연한 고민은 명료한 글의 뼈대로 바뀐다.

3. 질문의 힘은 곧 사유의 힘이다

좋은 질문은 혼란을 명료함으로 이끄는 사다리다. 질문이 흐릿하면 글도 흐릿하다. 질문이 선명하면 글도 또렷하다. 당신이 매일 글을 써야 하는 사람이라면 이제부터는 글을 쓰기 전 질문을 던져 보라.

"나는 지금 무엇을 알고 있는가?"

이 하나의 질문만으로도, 생각은 놀라울 만큼 정리된다.

이제 당신은 글쓰기를 위한 첫 문장이 아니라, 글쓰기를 위한 첫 질문을 배웠다.

3절. 5단계 인식 프레임

글을 잘 쓰는 사람과 그렇지 못한 사람의 차이는 무엇일까? 문장을 잘 꾸미는 사람일까? 어휘가 풍부한 사람일까? 무엇보다 '생각을 명료하게 구조화할 수 있는가'의 여부가 글의 품질을 가른다. 즉, 자신의 생각을 글이라는 그릇에 질서 있게 담아낼 수 있느냐가 관건이다.

생각은 추상적이다. 글은 구체적이다. 그 간극을 메우는 것이 이번 훈련의 목적이다.

1. 글은 질서로 지어진 건축물이다

당신은 매일 수많은 정보를 접한다. 뉴스, 사람들의 대화, 자기 감정, 우연히 본 영상, 책 속 문장. 이 모든 것이 당신의 감성과 직관을 자극한다. 그것들을 개념화하지 못하면, 당신의 생각과 글은 영영 시작되지 않는다.

글쓰기는 바로 이 지점에서 시작된다. 혼란스러운 인식을 질서 있게 정리하고, 개념으로 재구성한 후, 문장으로 풀어내는 과정. 글을 잘 쓰고 싶은 사람은, 먼저 이 흐름을 따라야 한다.

2. 생각의 질서를 세우는 5단계 인식 프레임

칸트의 인식 프로세스는 그대로 글쓰기의 도구가 된다.

단계 > 설명 > 질문 예시 > 글쓰기 표현

감성 > 외부 자극 > 어떤 일이 있었는가? > 어제 나는 버스 안에서 작은 소란을 목격했다.

직관 > 시공간 구조 > 그것은 언제, 어디서, 어떻게 일어났는가? > 한 여학생이 자리 양보 문제로 중년 남성과 실랑이를 벌이고 있었다.

개념 > 의미화 > 이 사건의 핵심은 무엇인가? > 그 장면은 단지 자리 다툼이 아니라, 세대 간 예의에 대한 인식 차이처럼 보였다.

판단 > 평가 > 나는 이 상황을 어떻게 해석하는가? > 나는 그 중년 남성의 언행이 지나치다고 느꼈고, 여학생의 침착함에 감탄했다.

이성 > 확장 > 이 사건에서 배울 수 있는 더 큰 통찰은 무엇인가? > 우리 사회가 여전히 나이 중심의 권위주의를 벗어나지 못하고 있음을 보는 것 같아 안타까웠다.

이처럼, 한 장면도 인식 단계를 따라 정리하면 막연한 감정이 명료한 주장으로 전환된다.

3. 실전 훈련: 당신의 경험을 생각의 틀로 정리하라

지금 바로 오늘의 경험을 떠올려 보자. 거창할 필요 없다. 지하철에서의 짧은 감정, 커피 한 잔 마시며 든 생각, 일하며 느낀 피로감이라도 좋다. 노트를 준비하고, 질문에 따라 써 보자.

오늘 가장 기억에 남는 장면은 무엇인가? (감성)

그것은 언제, 어디서, 어떤 상황에서 일어났는가? (직관)

그 경험이 나에게 어떤 생각이나 개념을 일으켰는가? (개념)

나는 그것을 어떻게 판단하고 평가하는가? (판단)

이 경험을 통해 내가 얻은 통찰이나 변화는 무엇인가? (이성)

예시: 마주친 눈빛

(감성)

오늘 아침 지하철에서 옆자리 노인이 천천히 내게 다가왔다.

(직관)

사람들로 꽉 찬 출근길, 마스크를 쓴 채 무표정한 얼굴들 속에서 유일하게 내 눈을 바라본 사람이었다.

(개념)

그 시선에는 어떤 불만도, 요청도 느껴지지 않았지만, 분명히 나를 바라보고 있었다.

(판단)

나는 무심히 눈을 피했다. 그 순간 나는 자신이 부끄러웠다.

(문장)

나는 얼마나 오랫동안 시선을 피하는 삶을 살아왔던가.

➤ 수필원본: 부록6.1 마주친 눈빛

4. 이제 쓸 수 있다

지금 이 글을 읽고 있는 당신은 이제 무엇을 쓸지 모르겠다는 말 대신, "내가 느낀 것을 어떤 흐름으로 정리해야 할까"를 고민하게 될 것이다. 이것이 바로 칸트가 준 위대한 선물이다.

1장 종합 실전 워크북

워크북 구성:

각 항목은 인식 흐름(감성 → 직관 → 개념 → 판단 → 이성)을 따라 정리되며, 사례는 프리랜서 글쓰기에서 자주 등장하는 주제들로 구성하였다.

사례: 블로그 글이 너무 산만해서 읽는 사람이 없어요.
감성: 블로그에 글을 올릴 때마다 허탈하다. 공들였는데 반응이 없다.
직관: 내가 쓰는 글은 주제가 명확하지 않고, 일기처럼 흘러간다.
개념: 핵심 메시지가 부족하고, 정보보다 감정 위주로 구성되어 있다.
판단: 감정 공유도 중요하지만, 독자가 얻어 갈 수 있는 혜택이 부족했다.
문장: 감정에 치우치지 말고, 독자가 가져갈 가치를 중심으로 글의 구조를 재설계해야 한다.

사례: 유튜브 대본을 쓰기 어려워요. 말이 정리가 안 돼요.
감성: 쓸 거리는 많은데 말로 하면 엉성하다.

직관: 유튜브 콘텐츠마다 핵심 메시지가 없고, 도입부가 약하다.
개념: '도입-전개-정리'의 흐름 없이 생각나는 대로 구성하고 있다.
판단: 시청자가 끝까지 보지 않는 이유는 호기심을 일으킬 만한 흐름이 없기 때문이다.
문장: 주제별로 질문을 던지고, 그 질문에 답하는 형식으로 대본을 구성해야 한다.

사례: 기획안을 쓰는데 정리가 안 돼요.
감성: 아이디어는 좋은데 정리해서 보여 주기가 어렵다.
직관: 전체 흐름 없이 생각이 조각조각 떠오른다.
개념: 기획안에 논리적 순서와 설득의 구조가 빠져 있다.
판단: 설득력이 떨어지는 이유는 고객의 입장을 고려하지 않았기 때문이다.
문장: '왜 이걸 해야 하나' → '무엇을 할 것인가' → '어떻게 실행할 것인가' 순으로 구조화해야 한다.

사례: 수필
감성: 이불을 뒤집어쓰고 펑펑 울기 시작했다.
직관: 비디오 속에는 분명히 엄마도 있었고, 아빠도 있었다. 그런데 자신은 없었다.
개념: 그 장면 속에 자신이 존재하지 않는다는 사실은, 아직 말을 다 배우지도 못한 작은 아이에게 세상이 텅 빈 것 같은 외로움을 안겨주었던 것이다.
판단: 아이의 그 조용한 한마디는, 한 사람의 존재를 증명받고 싶다는

깊고도 근원적인 외침이었다.

문장: 그날 나는 처음으로 깨달았다. 가족이란, 단순히 '함께 있음'이 아니라, 서로의 존재를 서로가 확인해 주는 연속된 시간이라는 것을.

비디오테이프 속에 없는 나

낡은 비디오테이프 하나를 다시 꺼내 들었다.
제주도의 햇빛 아래 웃고 있던 두 사람.
결혼 초의 우리였다. 아내와 나는 그 영상을 자주 보곤 했다. 젊고, 생생하고, 모든 것이 처음이던 시절. 그 장면들을 되새기며 웃던 날들이 생각나 문득, 딸과 함께 그 영상을 틀었다.

딸은 두 살이었다. 아직 둘째는 엄마 뱃속에 있었다.
딸아이도 함께 웃으며 화면을 바라보았다. 한참을 그렇게 보다 말고, 조용히 자리에서 일어나 자기 방으로 들어갔다.
그리고 이불을 꺼내 뒤집어쓰고 펑펑 울기 시작했다.

우리는 처음엔 그 울음을 이해하지 못했다.
무슨 일이야? 왜 울어? 놀란 우리는 아이에게 다가가 물었다.
그리고, 마침내 들은 대답에 가슴이 쿵 하고 내려앉았다.

"왜 나는 없는 거야." "아빠 엄마는 있는데 왜 나는 없는 거야!"

비디오 속에는 분명히 엄마도 있었고, 아빠도 있었다.
그런데 자신은 없었다.
그 장면 속에 자신이 존재하지 않는다는 사실은,
아직 말을 다 배우지도 못한 아이에게
세상이 텅 빈 것 같은 외로움을 안겨 주었던 것이다.

아이의 그 조용한 한마디는, 한 사람의 존재를 증명받고 싶다는 깊고도 근원적인 외침이었다.
그날 나는 처음으로 깨달았다.
가족이란, 단순히 '함께 있음'이 아니라,
서로의 존재를 서로가 확인해 주는 연속된 시간이라는 것을.

며칠 뒤, 고향으로 향하는 길.
차는 낡은 수동기어 타입이었다. 가파른 오르막에 들어서자 나는 기어를 1단으로 바꾸며 정신을 집중했다. 차가 잠깐 뒤로 밀릴 때, 뒷좌석에서 아이가 말했다.

"아빠, 힘들지?"

그 말 한마디에 오히려 숨을 멈출 것 같았다.
"그래, 아빠 힘들어." 나는 얼떨결에 받아쳤다.
그러자 아이는 "내가 내려가서 밀어 줄게"라고 말했다.
그리고 아이는 진지한 표정으로 덧붙였다.
"잠깐만! 나 지금 신발 벗고 있거든? 신발 신고 내려가서 밀어 줄게!"

그 순간, 나는 울컥했다.
이 작은 존재가 내 곁에 있다는 사실만으로, 언덕길을 넘을 힘을 얻었다는 걸 말이다.

비디오테이프 속에 아이는 없었지만,
우리의 지금은 아이로 인해 생겨났다.
우리의 시작은 둘이었지만, 셋이 되었고, 또 넷이 되었다.

그리고 나는 알게 되었다.
비디오에 찍히지 않은 시간들 속에서,
아이의 눈물, 아이의 말, 아이의 사랑이
우리 가족의 진짜 기록이 되어 주고 있다는 사실을.

아이에게는 그 장면 속에 '내가 없다는 것'이 슬픔이었다.
하지만 나에게는 오늘 이 순간,
곁에 있는 이 아이가 그 어떤 장면보다 더 선명한 기억 그 자체였다.

어쩌면 사랑이란,
화면에 담기지 않는 순간들을 서로 품고 살아가는 일일지도 모른다.

핵심 메시지
(감성 → 직관 → 개념 → 판단 → 문장)을 적용한 워크북을 구성했다. 프리랜서들이 실제로 많이 고민하는 글쓰기 사례에 맞추어 사고의 흐름을 정리하였다.

2장

개념과 판단의 기술
– 어떻게 생각할 것인가?

글을 쓴다는 건 곧 판단을 내리는 행위다. 많은 글이 느낌만을 나열하고, 정작 무엇을 판단하고 있는지 언급조차 없다. 이처럼 불명료한 생각을 '개념'과 '판단'이라는 형식으로 다듬는 기술을 훈련하는 장이다. 칸트는 인식이란 감각의 집합이 아니라 개념으로 묶여야 판단이 가능하다고 말했다. 무언가를 쓰려면, 먼저 그것이 무엇인지 개념화할 수 있어야 한다고 했다. 그리고 개념을 바탕으로 한 명확한 판단이 글의 중심을 세운다.

이 장에서는 다음 세 가지를 훈련한다:

1. 개념 정리:
쓰려는 말의 중심 개념이 모호하면 글도 흐릿해진다. 개념이란 경험을 체계적으로 정리하여 이름 붙인 생각이다.
　예: 불안 → 미래를 통제할 수 없다는 감정

2. 판단 구성:

판단은 개념과 개념 간의 관계를 표현한 문장이다. 논리에서는 명제가 되고 국어에서는 문장이다. 문장이 곧 판단이다. 문장 덩어리가 문단이고 문단이 모여 칼럼이나 한편의 수필이 된다. 이러한 글들이 모이고 모여 글 밭인 책이 된다. 본문 중 사례는 짧은 단문 중심으로 준비했다.

예: 불안은 예측 불가능성에 대한 인간의 방어 본능이다.

이처럼 판단은 단순한 생각을 주장과 관점으로 끌어올린다.

3. 입장 세우기:

글에는 반드시 '나는 이 문제를 이렇게 본다'는 입장이 담겨야 한다. 그렇지 않으면 글은 감정의 나열에 머물고 만다.

예시

요즘 너무 지친다. → "지침은 일의 양 때문이 아니라, 방향 상실에서 온다."

사람들과 관계가 힘들다. → "관계가 힘든 건, 공감이 부족해서가 아니라 판단을 회피했기 때문이다."

이처럼 개념과 판단이 들어간 문장은 생각의 골격이 되고, 글의 중심축을 세운다.

핵심 메시지

개념은 생각을 붙잡는 손잡이이고, 판단은 글을 세우는 기둥이다. 감정을 문장으로 옮기는 데서 멈추지 말고, 그 감정 뒤에 숨은 개념을 끄집어

내야 한다. 그리고 내 입장을 정리하고 판단을 서술하는 '힘'이 필요하다.

1절. 개념 없는 생각은 공허하다

글쓰기가 막힐 때 우리는 이렇게 말한다.
"그냥 느낀 대로 쓰고 싶은데, 잘 안 돼요."
"머리속에는 떠오르는데 글로는 못 풀어내겠어요."
"막막해서 시작도 못 하겠어요."
이 말들의 공통점은 무엇일까? 바로 개념이 없다는 점이다.

1. 직관과 개념은 다르다
칸트는 인식을 이루는 두 축을 이렇게 정의했다.
직관: 외부 자극을 받아들여 시간과 공간 내에 배열하는 능력
개념: 자극에 질서를 부여하는 사고 구조로, 이름 붙여진 생각

칸트는 다음과 같은 말을 남겼다.
"개념 없는 직관은 맹목이고, 직관 없는 개념은 공허하다."
느끼기만 하고 생각하지 않으면 글은 감정 덩어리로만 남고, 생각만 있고 삶의 온기가 없으면 글은 개념의 껍데기에 불과하다.

2. 감정의 홍수 속에서 길을 잃은 글쓰기
오늘도 많은 사람들이 SNS나 블로그에 감정을 쏟아 낸다.
"요즘 너무 힘들다."
"진짜 화나서 미치겠네."

"사람들이 왜 이렇게 이기적일까?"

이 문장들은 감정은 넘치지만 개념이 비어 있는 대표적 예다. 이 글을 읽는 독자는 감정은 전달받지만, 무엇을 말하고 싶은 건지, 왜 이 말을 하는 건지를 알 수 없다. 정보로도, 메시지로도 기능하지 못하는 글이다.

3. 개념은 감정을 정리하는 도구다

"요즘 사람들 자기밖에 모르는 것 같다. 길에서도, 카페에서도 다들 기본적인 배려가 없어. 진짜 스트레스 받아."

이 글을 칸트식으로 해석하면 이렇다:
감성: 스트레스를 느낀다.
직관: 공공장소에서 사람들끼리 충돌이 잦다.
개념: 타인을 배려하지 않는 행동을 보는 것은 스트레스다.
판단: 현대인의 사회적 감수성이 점점 약화되고 있다.
이성: 우리는 공공장소에서의 시민적 예절을 다시 돌아보아야 한다.

개념이 들어가면 글은 더 이상 투정이 아니다. 사회적 통찰이 담긴 글이 되기 시작한다. 비로소 글의 씨앗이 뿌려졌다고 할 수 있다. 이처럼 개념은 감정을 명료한 메시지로 바꾸는 도구다.

4. 감정에서 개념으로 넘어가는 법

감정 → 개념의 다리에는 '왜?'라는 질문이 있다.
예시:
"짜증나." → 왜? → 기다림에 대한 예의가 없었기 때문.

"서운해." → 왜? → 기대했던 말이 나오지 않았기 때문.
"기쁘다." → 왜? → 내가 했던 행동이 인정받았기 때문.
이 '왜?'라는 질문 하나가 감정의 흐름을 개념의 중심으로 궤도를 수정해 준다.

5. 개념이 정리되면 글은 방향을 찾는다

감정만 있는 글은 흘러 내린다. > 개념이 담긴 글은 방향을 찾는다. > 방향이 생기면 글은 메시지를 가진다. > 메시지를 가진 글은 독자를 움직인다.
이것이 우리가 감정만이 아니라 개념을 써야 하는 이유다.

실천 과제: 감정을 개념으로 정리해 보자

감정 > '왜?'를 던져 본 후 > 개념화된 메시지
억울하다. > 상대가 내 의도를 곡해했다. > 오해는 설명보다 관찰의 부재에서 비롯된다.
외롭다. > 대화는 많지만 진심은 없다. > 소통은 양보다 깊이가 중요하다.
지루하다. > 반복되는 일상에 의미를 못 느낀다. > 일상도 목표와 연결될 때 살아난다.
이렇게 감정 뒤에 있는 원인을 사유하고, 개념화하는 과정이 바로 생각하는 글쓰기의 핵심이다.

정리

감정은 글쓰기의 출발이지만, 개념은 글쓰기의 중심이다. 직관이 개입하면 비로소 감정이 살아난다. 감정만으로 쓰인 글은 한 사람의 심정을 아직 넘어서지 못했다고 할 수 있다. 개념을 얻기 위한 질문은 단 하나, "왜?". 감정을 넘어 개념으로 가는 순간, 글은 비로소 '의미'를 갖는다.

2절. 판단 없는 글은 중심이 없다

"그래서 뭐! 하고 싶은 말이 뭔데?" 글을 읽은 독자가 이렇게 묻는다면, 그 글에는 판단이 빠졌다.

1. 판단 없는 글은 독자를 헤매게 한다

많은 글이 감정과 생각을 담고 있음에도 불구하고 '결국 하고 싶은 말이 뭔지 모르겠다'는 평가를 받는다. 이유는 간단하다. 글쓴이가 판단을 내리지 않았기 때문이다. 판단은 개념과 개념을 주부와 술부로 연결한 의미 있는 문장이다.

예를 들어 보자.
나는 오늘 회의에서 상사에게 꾸중을 들었다. 속상했다. 그래도 나는 내 방식이 틀렸다고 생각하지 않는다.
→ 이 글은 감정과 개념은 있지만 판단이 없다.
→ 독자는 묻는다: "그래서 당신은 앞으로 어떻게 할 건데?"

2. 판단은 글의 나침반이다

칸트는 판단(Judgment)을 이렇게 정의했다. '판단은 개념을 활용하여 구체적인 사례에 의미를 부여하는 정신 작용이다.' 즉, 개념이 어떤 생각을 의미한다면, 판단은 그 생각을 어디에 적용하고, 어떻게 해석할지를 결정짓는 행위다. 글쓰기에서 판단은 메시지를 결정하고, 독자가 어떤 방향으로 생각을 확장할지를 유도하는 기능을 한다.

3. 판단 없는 글의 전형

정보형 블로그: "~은 이렇습니다., ~도 있습니다., ~가 있습니다."
→ 판단 없음 → 나열로 끝남 → 기억에 남지 않음
감정 중심 글: "정말 화가 났어요., 기분이 안 좋았어요."
→ 판단 없음 → 공감은 있어도 메시지는 없음
글쓰기 대본: "~가 문제라고 생각합니다., 그런데 ~도 있어요."
→ 판단 없음 → 중심 주장이 흔들림
공통점: 독자는 "그래서 뭐?"라는 질문을 계속 던진다.

4. 판단을 내리는 3단계 구조

① 기준 설정하기
→ 어떤 가치관이나 논리를 기준으로 정할 것인가?
　예: "나는 효율성과 정직함을 중시한다."

② 정보 또는 개념에 적용하기
→ 그 기준을 상황에 어떻게 적용할 것인가?
　예: "고객에게 사실을 숨긴 마케팅은 위선이다."

③ 결론 도출하기
→ 그래서 나는 어떤 입장에서 판단을 내리는가?

예: "나는 정직한 콘텐츠가 장기적으로 더 강한 브랜드를 만든다고 믿는다."

5. 판단은 글의 중심 주장을 만든다

모든 좋은 글에는 명확한 주장이 있다. 그 주장은 감정에서 나오지 않는다. 판단에서 나온다. 글은 정보로 시작할 수 있다. 감정으로 이어질 수도 있다. 하지만 판단이 없으면 아무것도 주장하지 못한다. '나는 이렇게 생각한다'라는 내면의 태도를 글로 드러내는 것이 판단이다. 글은 판단이 있어야 독자를 끌어당긴다.

실천 과제: 판단 훈련하기
다음 글감으로 판단을 내려 보라.

주제: 요즘 리더십에 대해 어떻게 생각하는가?
기준 > 나는 어떤 리더를 이상적으로 보는가? > 경청과 결단력의 균형이 중요하다고 본다.
정보 > 현대 리더들은 그 기준에 부합하는가? > 많은 리더들이 경청은 잘 하지만 결단력이 부족하다.
결론 > 그래서 나는 어떤 판단을 내리는가? > 미래를 생각하는 리더라면 때로는 불편한 결단도 내릴 줄 알아야 한다.

이처럼, 판단을 반드시 구조화해 보는 습관을 들이면 흐리멍덩한 글이 또렷한 글로 바뀐다.

정리

판단은 글의 중심 주장이다. 판단 없는 글은 방향을 정하지 못한 항해와 같다. 칸트는 이성적 판단을 중심으로 세상을 이해했다. 당신의 글에도 그 판단이 들어가야 한다.

"나는 이렇게 본다."라는 태도, 그것이 글의 영혼이다.

3절. 글은 생각의 그릇이다

생각은 많이 했는데, 글이 흐릿할 때가 있다. 머릿속에서는 분명한데, 막상 써 보면 지저분하고 복잡하다. 왜 그럴까? 이유는 단 하나다. 사유는 구조를 가졌지만, 글은 그 구조를 따라가지 못했기 때문이다.

1. 글은 생각의 그릇이다

글은 생각을 담는 그릇이다. 그릇이 잘 만들어져야 내용이 넘치지도, 흘러내리지도 않는다. 그렇다면 그릇을 잘 만드는 방법, 즉 생각을 글로 잘 옮기는 원칙은 무엇일까?

2. 논리구조1 - 사유의 흐름은 논리 구조를 따른다

칸트식 사고는 이성적인 구조를 따른다.

감각의 수용 (경험, 자극)

개념의 형성 (이해, 정리)

판단의 구성 (의미 부여, 입장 설정)

결론 또는 명제 (주장)

좋은 문장은 이 흐름을 압축해서 담는다.

3. 논리구조2 - 생각을 글로 바꾸는 3단계 프레임

① 주제 만들기

"내가 말하고 싶은 핵심은 무엇인가?"

하나의 문장으로 요약해 보라.

사례:

"정직한 콘텐츠가 장기적으로 더 강한 브랜드를 만든다."

→ 이 문장은 판단이 녹아 있는 중심 명제다.

② 이유를 나열하기

왜 그렇게 생각하는가?

이유를 논리적으로 구성하라.

사례:

정직한 콘텐츠는 신뢰를 만든다.

신뢰는 반복 소비를 만든다.

반복 소비는 브랜드 충성도를 높인다.

→ 문장이 개념적 사유를 전개하는 구조를 갖게 된다.

③ 예시나 사례로 구체화하기

너무 개념적이면 독자가 공감하지 못한다.

사례는 사유를 구체적인 수준으로 끌어올리는 문장 연습이다.

사례:

예를 들어, 커피 브랜드 O사는 처음부터 소비자와의 투명한 커뮤니케이션을 전략으로 삼았다. 원두의 원산지, 생산 과정, 가격 구조를 모두 공개했고, 소비자가 그것을 신뢰하게 되면서 브랜드를 믿고 따르게 되었다.

4. 글의 구조는 사고의 구조다
글쓰기가 어려운 이유는 생각은 존재하지만, 그것을 옮길 틀이 없기 때문이다. 이럴 때는 다음의 템플릿을 사용해 보자.

생각을 글로 바꾸는 템플릿
나는 무엇을 말하고 싶은가? → "나는 ~라고 생각한다."
왜 그렇게 생각하는가? → "왜냐하면 ~ 때문이다."
구체적인 사례는? → "예를 들면 ~와 같은 경우다."
그래서 결론은 무엇인가? → "따라서 ~라는 주장을 할 수 있다."
이 구조를 따르면, 당신의 사유는 하나의 근거를 갖춘 문장이 된다.

실천 과제: 사유를 글로 전환하는 훈련
오늘의 주제를 하나 선택하고, 아래 순서대로 문장을 써 보라.

주제 명제: "나는 ~라고 생각한다."
근거 3가지: "왜냐하면 ~ 때문이다." × 3
구체 사례: "예를 들면 ~와 같은 경우다."
결론: "따라서 ~라고 말할 수 있다."

예시 주제: 기획자는 철학자처럼 생각해야 한다.
기획자는 철학자처럼 생각해야 한다고 나는 믿는다. 왜냐하면 철학자는 생각에 개념을 입히고, 의미를 찾아내어 판단을 내리기 때문이다. 이 프레임은 기획자에게 꼭 필요한 역량이다. 예를 들면, 애플의 스티브 잡스는 단순한 기능이 아니라 개념과 철학을 먼저 설계하고 제품을 만들었다. 따라서 기획자는 기술보다 먼저 철학자가 되어 생각하는 법을 익혀야 한다.

정리

사고가 명료하면, 문장은 자연스럽다. 구조 없는 생각은 문장으로 진화하지 못한다. '사유 → 판단 → 문장'의 흐름을 연습하라.

2장 종합 실전 워크북

- 감정형 글에서 사고형 글로 넘어가는 한 줄 훈련 -

STEP 1. 감정형 문장을 그대로 적어 보기

질문:

지금 막 떠오르는 감정을 그대로 문장으로 써 보라.
꼭 논리적일 필요 없다. 솔직하게 쓰라.

예시:

"오늘도 의욕이 없다."

"나는 자주 무시당한다고 느낀다."

"사람들이 나를 오해할까 봐 말을 아낀다."

나의 감정형 시작 문장:

→ _____

STEP 2. '왜?' 질문으로 판단 요소 추출하기

질문:

방금 쓴 감정 문장에 대해 스스로에게 '왜?'라고 물어보라.
그 감정은 어떤 판단에서 비롯되었는가?

예시:

감정: "나는 자주 무시당한다고 느낀다." "분통 터진다."
왜? → "팀장에 의해 내 말이 자주 끊기고, 반영되지 않는다는 사실을
　　　반복 경험했다."
판단: "다른 사람의 말은 끊기지 않고 끝까지 진행되는 사례를 경험하
　　　며, 내 말에 논리와 주제가 부족하다는 점을 돌아보게 되었다"

나의 감정 원인, 판단 요소:
→ _____

STEP 3. 감정을 판단으로 바꿔 시작 문장 다시 쓰기
질문:
그 감정이 말해 주는 '입장'은 무엇인가?
한 줄로 말해 보라. 이 문장이 바로 시작 문장이 된다.

예시:

감정형: "오늘도 의욕이 없다."
판단형: "의욕 없음은 감정이 아니라, 의미 상실에서 비롯된다."

감정형: "사람들이 나를 오해할까 봐 말을 아낀다."

판단형: "진짜 소통은 오해를 피하는 것이 아니라, 오해를 풀어내려는 용기에서 출발한다."

나의 판단형 시작 문장 (개정 버전):

→ _____

STEP 4. 감정형 글 → 사고형 글로 전환하는 훈련표 (3일 루틴)

날짜 > 감정형 문장 > 판단 요소 (왜?) → 판단형 시작 문장 (개정)

Day 1	
날짜	
감정형 문장	
판단 요소 (왜?)	
판단형 시작 문장	

Day 2	
날짜	
감정형 문장	
판단 요소 (왜?)	
판단형 시작 문장	

	Day 3
날짜	
감정형 문장	
판단 요소 (왜?)	
판단형 시작 문장	

팁:
'왜 이 말을 하고 싶은가?'
'이건 어떤 판단에서 비롯됐는가?'
'이 판단은 지금 누구에게 유효한가?'
이 세 가지 질문을 반복하면 감정이 아닌 사유로 시작하는 첫 문장을 수월하게 찾아낼 수 있다.

판단형 문장 예시 모음
주제: 번아웃
감정형 표현: 요즘 너무 지친다.
판단형 시작 문장: 지침은 일이 많아서가 아니라, 의미를 상실했기 때문이다.

주제: 관계
감정형 표현: 요즘 관계가 피곤하다.

판단형 시작 문장: 관계가 피곤한 건, 솔직함보다 딴 생각에 집착하기 때문이다.

주제: 실패

감정형 표현: 또 망했다.

판단형 시작 문장: 실패는 능력 부족이 아니라 방식이 미숙할 때가 더 많다.

문장이 정제될수록, 당신의 사고도 정제된다. 사유를 구성하고 문장화하는 기초 훈련이 마무리되었다.

3장

철학적 주관과 목적
- 무엇을 생각할 것인가?

글쓰기는 단순히 문장을 배열하는 행위가 아니다. 그것은 누가, 왜 쓰는가를 끝까지 책임지는 사유의 행위다. 글을 쓰는 사람에게 반드시 필요한 철학적 기준, 즉 "무엇을 생각하고, 무엇을 쓸 것인가", "누구를 위해 이 생각을 이어 가고 있는가"라는 질문에 답할 차례다.

많은 사람들이 글을 쓰며 중간에 흔들리는 이유는 자기 글의 주관(주체)과 목적(의도)이 불분명하기 때문이다. 글이 엉키는 이유는 사유의 기준점이 없이 출발했기 때문이다.

1. 주관적 확신 vs 객관적 타당성

글에는 반드시 입장이 있다. 객관적인 글처럼 보여도, 결국 '어떤 주관적 존재'의 시선이 담긴다. 자신의 시선과 입장을 인식하고 자각할 때, 글은 비로소 생명력을 갖는다. "이 문장은 나의 어떤 정체성을 반영하는가?"

2. 목적 없는 생각은 쉽게 길을 잃는다

글쓰기는 목적 없는 표현이 아니다. 누군가를 설득하고 싶거나, 무엇인가를 전하고 싶기 때문에 쓰는 것이다.

단순한 정보 전달을 넘어 생각의 방향성을 갖춘 글쓰기를 제안한다.

3. 칸트는 왜 의도를 중시했는가?

자기 생각을 글로 표현하기 위해서는 먼저 생각이 엉키지 않도록 사유의 틀로 시각화해야 한다.

"나는 지금 이 문장을 누구에게 어떤 마음으로 쓰고 있는가?"

1절. 주관적 확신 vs 객관적 타당성

"나는 확신해. 이건 진짜야."

글을 쓰는 사람에게 '확신'은 자주 등장하는 감정이다. 그런데 때로 독자는 그 확신을 신뢰하지 않고, 오히려 불편하게 느낀다. 왜?

1. 확신은 설득이 아니다

많은 초보 글쟁이들이 빠지는 함정이 있다. 바로 "나는 진심이니까 괜찮다."라는 믿음이다. 하지만 진심은 '표현'이지 '설득'이 아니다. 글은 진심을 담는 도구이자, 상대와의 대화를 여는 매개체다. 진심만으로는 부족하다. 보편적 타당성이라는 다리가 있어야 상대에게 건너갈 수 있다.

2. 칸트가 말하는 보편적 타당성

칸트는 도덕법칙을 논하면서 이런 기준을 제시했다.

"너의 행위가 언제나 보편적 법칙이 될 수 있도록 행위하라."

당신이 쓴 생각이 보편적으로 받아들여질 수 있는 구조를 가지고 있는가? 이 문장이 다른 사람의 판단 기준으로도 설득력을 가지는가?

주관은 필요하지만, 타인의 이성에도 유효한 논리를 만들어야 글은 공감과 설득을 얻는다.

3. 당신의 글은 '너만 아는 이야기'인가?

① 내 주장에 대한 타인의 반론을 고려해 보았는가?
② 내 경험만이 아닌 다른 사례나 데이터도 활용했는가?
③ 내가 사용하는 개념이나 용어는 독자에게 익숙한가?
④ 이 글이 읽는 사람에게 줄 수 있는 보편적 가치는 무엇인가?

이 질문에 '아니오'가 많다면, 당신의 글은 확신은 있으나 타당성은 부족한 글일 가능성이 높다.

4. 주관을 존중하되, 객관의 언어로 표현하라

칸트 철학은 주관 즉 주체의 철학이라고 해도 과언이 아니다. 주체가 있으므로 대상이라는 용어도 성립한다. 주체의 의지가 관여함으로써 '코페르니쿠스적 생각의 전회'도 가능하다. 주관은 글의 에너지다. 그러나 그 에너지를 타당성 있는 구조로 엮어 내지 못하면, 글은 자기만족으로 끝난다.

확신형: "나는 이렇게 살아왔고, 그래서 이것이 옳다고 믿는다."
타당성형: "나는 이런 경험을 해 왔고, 이 경험은 이런 사회적 조건과 연결되어 있다. 따라서 이 판단은 개인적 선택을 넘어, 많은 이들에게 의미 있는 기준이 될 수 있다고 본다."

5. 객관성을 확보하는 3가지 글쓰기 팁

① 경험을 '사례'로 승화시키기

확신형: "나는 그날 분통터졌다."

구조화: "회의에서 의견을 발표했지만 반응은 없었다. 이후 다른 사람이 같은 의견을 말했을 때는 모두 고개를 끄덕였다."

사례는 감정을 객관적 장면으로 만들어 주는 힘이 있다.

② 타인의 논리 인용하기

"~라는 연구에 따르면…"

"~도 이런 관점을 주장했다."

당신의 생각이 이미 검증된 다른 생각과 연결될 때 주장은 '확신'을 넘어 '타당성'을 얻는다.

③ 독자의 반론을 먼저 제기하고 다루기

"물론, 이 주장에 대해선 이런 반론이 있을 수 있다. 하지만 나는 이렇게 본다."

독자의 저항을 미리 고려한 글은 신뢰를 이끌어 내는 설득의 힘을 갖는다.

실천 과제: 확신을 타당성으로 전환하는 훈련

당신이 최근 쓰고 싶었던 확신에 찬 문장을 떠올려 보자.

"나는 진심이면 다 된다고 믿는다."

이제 다음 질문에 답하며 글을 다시 써 보자.

이 말은 어떤 사례에서 나왔는가? > 직장 동료가 진심으로 사과했을 때 내가 용서한 기억.

다른 사람도 공감할 수 있는 장면인가? > 그 사과는 객관적으로도 책임을 인정한 행동이었다.

이 말이 타인의 판단에도 유효하려면 어떻게 표현해야 할까? > 진심은 효과가 있을 수 있다. 그러나 그것은 상대의 입장에 대한 고려가 포함될 때 가능하다.

최종 문장:
진심이 통하려면, 나의 감정보다 타인의 입장을 이해하려는 노력이 전제되어야 한다.

정리
주관은 글쓰기의 출발점이지만, 객관은 글쓰기의 도착점이다. 확신은 나를 만족시킬 수는 있지만, 다른 사람을 설득하지는 못한다. 칸트는 '보편성'을 기준으로 삼았다. 글도 마찬가지다. 당신의 글은 당신만 아는 이야기가 아니라, 함께 생각할 수 있는 이야기가 되어야 한다. 주관과 객관의 균형이 필요하다. 중요한 주제이므로 4장에서 한 번 더 다룬다.

2절. 목적 없는 생각은 쉽게 길을 잃는다

글을 쓰다 보면, 문장 하나하나는 분명한데 정작 글은 어디로 흘러가는지 알 수 없을 때가 많다. 한 문단은 그럴듯하고, 감정도 실렸고, 문장도 매끄럽다. 그런데 끝까지 읽은 독자는 묻는다.
"그래서 뭐! 뭘 말하려는 거죠?"

1. 목적 없는 글은 흐르고 사라진다

글쓰기는 흐르는 물과 같다. 출발점은 감정과 생각일 수 있다. 그러나 도착점이 없으면, 그 물은 고이고 만다.

목적이란, 글이 도달하고자 하는 생각의 지점이다.
"나는 이 글을 통해 무엇을 전하고 싶은가?"
"이 글이 독자에게 어떤 변화를 만들어 내길 바라는가?"
이 질문에 답하지 않으면, 글은 목적지를 잃고 표류한다.

2. 칸트는 목적의 철학자였다

칸트는『실천이성비판』에서 목적 그 자체로서 인간을 대하라는 윤리 명제를 제시했다. 이 말은 곧, 인간은 수단이 아닌 목적 그 자체가 되어야 한다는 뜻이다.

글쓰기에 적용해 보면 이렇다. 내 글이 클릭을 위한 수단이 아니라, 생각을 세우기 위한 목적으로 존재해야 한다는 뜻이다. 세상과 사람들에게 긍정적 영향을 줄 때, 글은 방향을 찾는다.

3. 목적 없는 글쓰기란?

목적을 잃은 글은 쳇바퀴 돌듯 헛돌기만 한다. 글 전체가 감정으로만 구성되며, 도입은 강하지만 결론이 없다. 소재는 다양하지만 주제는 없으며, 말은 많지만 독자에게 줄 메시지가 없다.

4. 목적은 글의 힘을 응축시킨다

목적 있는 글은 다르다. 방향이 있다. 중심이 있다. 전달하고자 하는 메시지가 명확하다.

목적 없는 문장:

"요즘 일상이 지루하다. 매일이 똑같다. 그냥 그렇다."

목적 있는 문장:

"반복되는 일상은 나를 지루하게 하지만, 이 안에서 찾은 작은 의미는 내가 하루를 지탱하는 힘이다."

→ 후자는 글을 통해 전달하고자 하는 생각이 분명하다.

5. 목적 3요소

나는 왜 이 글을 쓰는가? > 동기

글을 통해 무엇을 전하고 싶은가? > 중심 메시지

글을 읽은 독자에게 어떤 변화가 일어나길 바라는가? > 독자 작용

이 세 가지에 대한 확신이 생길 때,

비로소 글은 목적을 가진 사유의 도구가 된다.

실천 과제: 글쓰기 목적 설정하기

목적 3요소로 채워 보자.

글감 예시: "직장 내 인간관계에 지쳤다는 고백"

왜 이 글을 쓰는가? > 말하지 못했던 걸 글로 풀고 싶어서

무엇을 전하고 싶은가? > 나처럼 말 못 하고 힘든 사람들에게 위로를 주고 싶다.

독자에게 어떤 변화가 있기를 바라는가? > '나만 그런 게 아니구나'라는 공감과 치유

3요소로 정리한 후 글을 쓰면, 글 전체의 힘이 하나의 메시지로 응축된다.

정리

목적 없는 생각은 흩어지고, 목적 있는 생각은 응집된다. 글은 정보 전달뿐만 아니라 방향을 제시하는 중요한 도구이다.

칸트처럼 생각의 목적을 먼저 설정하라. 목적 있는 글은 끝까지 읽힌다. 그리고 남는다.

3절. 칸트는 왜 의도를 중시했는가?

글은 칼과 같다. 제대로 쓰면 생각을 열지만, 무심히 쓰면 타인을 상처 입힌다. 글을 쓰는 사람은, 단어 하나로 사람을 위로할 수도 있고 누군가를 망칠 수도 있다. 그래서 글쓰기에는 좋은 의도가 필요하다.

1. 칸트는 왜 의도를 중시했는가?

칸트는 도덕을 판단할 때 결과보다 의도를 중심에 놓았다.

그는 말했다.

"선의는 어떤 결과보다 도덕의 기초다."

"의무에서 비롯된 행위만이 진정한 도덕적 행위다."

글쓰기에 적용하면 다음과 같다.

"이 글을 왜 쓰는가? 누구에게 말하고 싶은가?"

"이것이 독자에게 어떤 영향을 미칠 수 있는가?"

글을 쓸 때, 무엇을 쓰는가 보다 어떤 마음으로 쓰는가를 항상 먼저 점검해야 한다.

2. 말은 흘러 버리지만, 글은 남는다

말은 실수해도 사라진다. 글은 남는다. 복사되고, 저장되고, 오해되고, 공유된다. 글쓰기는 사유의 영구 기록이 된다. 글쓰기에는 필연적으로 책임이 따른다. 내가 확신하는 말이 누군가에게 상처가 될 수가 있으며 그의 정체성을 침해할 수도 있다. 내가 주장하는 생각이, 누군가를 배제할 수 있다. 이런 글은 진심이라도 정당화될 수 없다.

3. 좋은 의도를 가진 글쓰기를 위한 세 가지 점검 질문

글을 쓰기 전, 스스로에게 아래 질문을 던져 보라.
① 진실성 → 이 글은 내가 직접 경험한 내용인가?
② 타당성 → 나의 기준은 타인의 입장에서도 성립할 수 있는가?
③ 존중성 → 이 글은 타인을 낙인찍거나 배제하지 않는가?
이 세 가지를 통과한 글만이 자신의 생각을 진실되게 전달하면서, 타인을 배려하는 글이 된다.

4. 글에는 '톤'이 있다

좋은 의도를 가진 글은 딱딱하거나 설교적이지 않다. 오히려 겸손하고, 조심스럽고, 열린 태도를 갖는다. 예를 들어 보자.

좋지 않은 문장:
요즘 젊은 세대는 진짜 이기적이다. 책임감이 없다.

좋은 의도를 가진 문장:
요즘 세대는 자기 표현을 중시하는 경향이 있다.
다른 가치 체계에서 보면 책임의 방식이 달라졌다고도 볼 수 있다.
→ 둘 다 의견은 있다. 하지만 후자는 독자를 열어 두고, 상처를 최소화하는 표현이다.

5. 좋은 의도는 글을 깊게 만든다

좋은 의도를 가진 글쓰기란 말을 조심하는 글쓰기가 아니다. 말을 깊이 있게 다루는 글쓰기다. 쉽게 단정하지 않고, 다르게 볼 가능성을 열어 두고, 독자를 논박의 대상이 아니라 대화의 상대로 여긴다. 그럴 때, 글은 누군가를 설득하는 도구가 아니고 함께 생각을 확장하는 철학의 장이 된다.

실천 과제: 좋은 의도를 가진 글쓰기 자기 점검
당신이 쓴 글에서 한 문단을 골라 보라. 아래 세 가지 기준에 따라 다시 읽고 점검하라.
기준 > 질문 > 내 글 점검
진실성 → 이 말은 정말 내가 믿는 말인가?
타당성 → 이것은 다른 사람에게도 납득 가능한가?
존중성 → 누군가를 희화화하거나 폄하하고 있진 않은가?
→ 세 항목 중 하나라도 'X'가 나온다면, 그 문장은 다시 써야 할 필요가 있다.

정리
글은 사유의 표현이며, 관계의 매개체다. 글을 쓰는 순간, 우리는 의도와 영향 모두 책임져야 한다. 칸트는 인간을 목적 그 자체로 대하라고 했다. 글도 마찬가지다. 우리도 독자를 수단이 아니라 존중받아야 할 목적으로 대해야 한다. 좋은 의도를 가진 글쓰기는 설득을 넘어 함께 생각하는 공간을 만든다.

3장 종합 실전 워크북

STEP 1. 나의 확신 점검하기

질문: 최근에 내가 강하게 믿고 있는 생각은 무엇인가?

예시: 나는 정직하게 말하는 게 항상 옳다고 믿는다.

STEP 2. 생각의 보편 타당성 점검하기

질문: 내 의견은 다른 사람도 설득할 수 있는가?

예시: 모든 상황에서 정직함이 효과적이지는 않다는 반론이 있을 수 있다.

STEP 3. 생각의 목적 정리하기

질문: 나는 이 생각을 글로 표현해서 무엇을 전달하고 싶은가?

예시: 정직의 가치가 왜 중요한지를 독자에게 설득하고 싶다.

STEP 4. 이 글을 읽은 독자에게 바라는 변화

질문: 글을 통해 독자가 무엇을 느끼거나 바꾸기를 바라는가?

예시: 정직을 다시 생각하고, 실천할 용기를 내기 바란다.

STEP 5. 한 문장으로 정리된 판단형 시작 문장 쓰기

질문: 위 과정을 종합해 시작 문장을 써 보자.

예시: 정직은 모든 상황에서 효과적이지는 않지만, 결국 가장 오래가는 신뢰를 만든다.

핵심 메시지

지금까지 보아온 단계는 다음 세 가지 흐름을 따라 독자가 스스로 글쓰기의 목적과 방향을 정리하도록 도와준다.

"나의 확신은 무엇인가?"

"그 확신은 객관적으로 타당한가?"

"이 글로 무엇을 전달하고, 어떤 변화를 이끌 것인가?"

4장

칸트의 인식프로세스
– 생각은 어떻게 글이 되는가?

글을 쓴다는 건 사유의 결과물을 언어라는 형식으로 빚어내는 일이다. 막상 글을 쓰려 할 때, 우리는 자신의 생각을 문장으로 어떻게 옮겨야 할지 몰라서 자주 멈추곤 한다. 생각에서 문장으로 이어지는 과정을 칸트의 인식 구조를 통해 설명하고, 구체적인 글쓰기의 흐름으로 안내한다.

칸트의 인식프로세스는 다음과 같다.
감성 → 직관 → 개념 → 판단 → 이성.

먼저 대상을 sensing(감성)한 후 떠오른 감정을 관찰한다. 떠오른 감정을 직관적으로 해석하고 구상한다. 이어서 범주를 활용한 개념으로 정리하고, 판단을 세우고, 문장으로 쌓아 올리는 작업이 인식 프로세스의 전체 모습이다.

1. 감성 → 직관: 느끼는 것을 붙잡기

글은 감성에서 출발할 수 있다. 그러나 그 감성을 직관적으로 해석하지 않으면 막연하고 일기 같은 글이 되고 만다.

감정: 불안하다.

직관: "불안은 내 계획이 예상대로 되지 않을 것 같다는 두려움에서 온다."

2. 직관 → 개념 → 판단: 생각을 명명하고 정리하기

직관된 감정은 개념화되어야 글의 소재가 되고, 나아가 개념들 간의 관계를 설명하는 판단으로 연결되어 글의 주장이 된다.

개념: 불안, 예측 불가능성

판단: "불안은 미래에 대한 통제욕이 높을수록 강해진다."

3. 판단 → 이성: 사유를 글로 완성하기

글은 감정이 아니라 판단을 거쳐 이성을 만날 때 다시 태어난다. 판단이 선명해질 때, 문장은 독자를 움직이는 힘을 가진다. "나는 계획이 틀어질 때마다 불안하다. 불안은 내가 프로젝트를 통제하려는 마음의 반응이다."

핵심 메시지

글을 쓸 때 시작점은 표현이 아니라, 생각의 연결 구조에 대한 자각이다. 칸트는 인식의 흐름을 통해 생각이 어떻게 형식을 갖추는지를 보여주었다.

이 장에서 그 흐름을 글쓰기의 뼈대로 변환해 내는 힘을 얻게 될 것이다. 생각의 구조화는 글쓰기의 출발점이다. 앞으로 독자는 더 이상 막연하게 글을 쓰지 않게 될 것이다.

1절. 생각의 흐름 - 감성 〉 직관 〉 개념 〉 판단 〉 이성

우리는 생각하고 있다고 믿지만, 실제로는 느끼기만 하는데 그치는 경우가 많다. 생각은 무언가를 썼을 때 비로소 실체가 드러난다. 글에 논리가 없고, 구조가 무너지며, 말이 자꾸 반복된다면 사고의 흐름이 정제되지 않은 것으로 보아도 된다.

칸트의 인식 프로세스
칸트는 인식 지점을 집요하게 분석했다. 그는 생각이 판단으로 연결되고, 판단이 이성으로 도약하는 경로를 정밀한 철학적 장치로 해부했다. '감성 → 직관 → 개념 → 판단 → 이성'. 이 흐름은 단순한 정신 작용의 도식이 아니라, 글을 쓴다는 행위에 필요한 사유의 경로다. 그 경로를 따라가 보자.

1. 감성: 세상을 만나는 최초의 방식

감성은 오감으로 들어오는 모든 자극이다. 눈으로 보고, 귀로 듣고, 손으로 만지고, 경험된 기억에 접속하며 우리는 세상과 만난다. 이 단계에서 우리는 무엇을 알기 전에 무엇인가를 느끼기만 한다. 마치 아직 제목이 붙지 않은 이미지처럼.

철학에서 감성은 바로 경험이다. 우리가 무엇을 보고, 듣고, 겪었는지를 그대로 담아내는 것이 감성이다. 여행 수필, 관찰일기, 산문시 등에서 감성은 날것 그대로의 힘을 발휘한다. 그러나 감성만으로는 글이 될 수 없다. 그것은 'data'일 뿐이다.

2. 직관: 대상에 대해 느낀 것을 붙잡는 힘

칸트에게 직관이란, 대상이 시간과 공간 안에서 자리 잡는 것을 의미한다. 쉽게 말해 '떠올리기'이다. 우리는 단순히 소리를 들었다고 하지 않고, '새벽의 고요 속에서 개 짖는 소리를 들었다'고 한다. 개 짖는 소리를 떠올렸다. 여기서 시간(새벽)과 공간(고요 속)은 우리의 감각을 구조화해 주는 틀이다.

글쓰기로 옮기면, 이 직관은 경험을 하나의 장면으로 구체화하는 일이다. 추상적인 느낌을 구체적인 이미지로 옮겨 오는 순간, 생각은 생명을 얻는다.

"그날, 붉은 벽돌 틈 사이로 스며든 햇살이 내 마음을 살포시 안아 주었다."

이 문장은 감성만으로는 나올 수 없다. 감성이 직관으로 구조화되어야 가능한 글의 출발점이다.

3. 개념: 직관을 분류하고 이름 짓는 작업

직관으로 낚아 올린 것에 이름을 붙여 분류하는 과정이다. 칸트의 위대함은 여기서 드러난다. 직관된 대상은 곧바로 개념으로 인식되지 않는다. 우리는 '이건 나무야', '이건 분노야'라고 부르며 그것을 이해 가능한 무언가로 만든다. 바로 개념화다.

개념은 글에서 단어로 표현된다. 슬픔이라는 단어는 단지 정서를 설명하는 데 그치지 않고, 독자에게 특정한 의미를 제공한다. 글쓰기란 직관의 풍경을 개념의 언어로 이름 붙여 주며 나아간다.

좋은 글은 개념이 명확하다. 그것은 단지 사전적 정의가 아니라, 맥락 속에서 의미가 살아 있는 개념이다. 반대로 좋지 않은 글은 개념이 모호하다.

4. 판단: 개념을 묶어 논리를 구성하는 과정

개념만 나열하면 글이 아니다. 그 사이를 이어 주는 판단이 필요하다. 판단은 'A는 B이다', 'A는 B가 아니다'라는 형식으로 작동한다. 칸트는 이것이 진리 판단의 기초라고 보았다. 모든 판단은 논리다. 흐릿한가, 선명한가의 차이만 있을 뿐이다. 주어와 술어를 바꾸지 않고 올바로 기술하는 것도 논리다.

"시간은 금이다."

"그러나 금은 다시 얻을 수 있어도, 시간은 한 번 지나가면 다시 되돌릴 수 없다."

"따라서 우리는 시간을 관리하는 것이 아니라, 살아 내야 한다."

이성이 작동한다. 도약하는 과정을 거친 후 생각은 비로소 문장으로, 글로 거듭난다

이러한 문장 구조는 단어가 아니라 판단을 통해 연결된다. 우리는 여기서 문장의 힘, 논리의 힘을 느낀다. 감성적 경험이 사유로 전환되는 순간이다.

5. 이성: 사유가 완성되는 장소

이름 붙여진 생각들이 구체화되어 판단으로 이어졌다. 이제 모든 판단들이 꼬리에 꼬리를 물고 도약하여 연결되기 시작한다. 도약한 생각들은 문장화되어 글 안에 응축된다. 이제 문장들로 이루어진 글은 단순히 정보를 전달하는 도구가 아니다. 그것은 당신의 사고가 완성된 형태다.

글쓰기를 잘한다는 말은 생각을 제대로 문장화할 수 있다는 뜻이다. 문장이 엉키면, 생각이 엉킨 것이고, 문장이 선명하면, 사유 또한 명료하

다. 문장은 정신 그 자체다.

이성이 개념과 개념을, 판단과 판단을 연결한다. 이렇게 연결된 생각 덩어리가 수필이 되고 책이 된다. 칸트는 이런 문장의 질서를 위해 '12가지 범주'를 제시했다. 이 범주는 개념이 판단으로 넘어갈 때 쓰이는 사유의 틀이다. 5장에서 이 범주들을 어떻게 글쓰기 도구로 활용할 수 있을지를 구체적으로 다룰 것이다.

글쓰기는 사유의 편집이다. 당신은 지금까지 어떻게 글을 써 왔는가? 단지 떠오른 감정으로? 혹은 머릿속 이미지를 따라 막연히?

칸트는 묻는다.
"그대의 문장은, 감성에서 개념으로, 판단으로 이어지고 있는가?"
이제 글쓰기는 다시 시작된다. 느끼는 나로부터 사유하는 나로, 그리고 말하는 나를 거쳐 쓰는 나로 도약한다.

2절. 글쓰기의 주관과 객관 균형 맞추기

생각은 누구에게나 있다. 하지만 잘 구조화된 생각은 누구에게나 있는 것은 아니다. 글쓰기를 막 시작한 사람들이 자주 하는 실수는 이렇다.
"이건 제 생각이에요."
그러고는 감정의 언덕으로 마구 달려간다. 주관으로 시작해 주관으로 끝난다.

하지만 글이란, 단지 생각의 발산이 아니라 사유의 전달이다. 생각은 독자에게 닿아야 비로소 글이 된다. 필연적으로 '주관과 객관의 균형'이 필요하다. 3장에서 미처 다루지 못한 부분이다. 칸트는 바로 이 균형을 통해 판단의 성립 조건을 설명했고 글쓰기의 논리 구조를 정립하였다.

주관을 객관으로 전환하는 도구가 바로 구조화다. 구조가 반듯하면 논리화와 객관화는 쉽게 잡힌다. 일기에서 에세이로 나아가기 위해 꼭 익혀야 할 도구다

1. 주관은 글의 출발점이다 - 느낀 것을 감추지 말고 드러내는 법을 배워야 한다

모든 글은 나에서 시작된다. 글을 쓰는 행위는 곧 나의 시선을 세상에 드러내는 일이다. 내가 본 것, 내가 겪은 것, 내가 느낀 것. 이 모든 주관적 재료들은 글의 원재료다. 하지만 이 원재료가 날것 그대로 노출될 경우, 글은 흔히 말하는 일기로 전락되고 만다.

"나는 너무 화가 났다. 그 상황이 도무지 이해되지 않았다. 왜 나에게만 이런 일이 일어날까."

이 문장은 사실을 말하고 있지만, 구조가 없다. 독자는 감정에 접근하지 못하고 오히려 밀려난다. 여기서 필요한 것이 바로 구조화다. 주관을 객관의 등에 태워야 독자도 그 감정에 함께 도달할 수 있다.

2. 객관은 글의 뼈대다 — 생각은 보편성을 향해 나아갈 때 설득력을 얻는다

칸트는 인식이 성립하기 위해선 두 가지 조건이 필요하다고 했다. '직관'(경험)과 '지성'(개념화된 판단)이다. "나는 이렇게 생각한다"에서 멈

추는 글은 독자에게 의미가 없다. 하지만 "나는 이렇게 생각하는데, 그것은 이런 사례나 원리로부터 유추된 것이다"라고 설명하면, 비로소 객관의 논리가 성립된다.

글쓰기의 객관은 감정을 배제하라는 뜻이 아니다. '나의 생각을 타인이 이해할 수 있는 언어로 번역해 주는 과정', 그것이 글쓰기에서 말하는 객관성이다.

3. 구조화란, 주관을 객관으로 변환하는 다리이다

그렇다면 생각을 어떻게 구조화할 수 있을까? 중요한 것은 정리되지 않은 생각은, 말도 글도 안 된다는 점이다.

칸트의 도식에 따르면, '감성 → 직관 → 개념 → 판단 → 이성'의 순으로 모든 사고는 구조화된다. 구조화란 판단 가능한 상태로 사고를 정리하는 일이다.

예를 들어 보자.
① 나는 고독하다.
② 왜냐하면 친구들이 내 생각을 이해하지 못한다고 느끼기 때문이다.
③ 다시 생각해 보면, 흐지부지한 생각을 두서없이 말하다 보니 오해할 수밖에 없었던 것 같다. 먼저 내가 나를 이해하지 못했다.
④ 결국, 고독은 타인의 문제라기보다 나 자신의 문제다.

이 네 문장은 하나의 생각이 어떻게 구조화되어 전개되는지를 잘 보여 준다.

① 문장은 감정의 진술(주관),
② 문장은 이유 제시(판단),
③ 문장은 관점 전환(성찰),
④ 문장은 결론 도출(객관화)이다.

이처럼 구조화는 단지 '글을 잘 쓰기 위한 기술'이 아니라, '사고를 명료하게 만드는 도구'다.

4. 논리적 글쓰기란, 생각의 순서에 대한 자각에서 출발한다

논리는 그저 감정은 한 올도 들어가지 않은 교과서 속 명제 서술 방식만이 아니다.

많은 이들이, 글쓰기가 어려운 이유로 단어 선택이나 표현력 부족 또는 논리 부족을 말한다. 그러나 어려움은 무엇부터 써야 할지 모르겠음에 있다. 이는 곧, 사고의 흐름이 논리적으로 정리되지 않았다는 뜻이다. 사고의 흐름이 곧 논리다.

칸트의 인식프로세스는 이 지점에서 다시 유용하다. 칸트는 생각이 질서 없이 튀어 다니지 않도록 범주를 설정했다. 이 범주들은 사고의 틀을 제공하고, 생각이 어떤 구조 속에서 움직이고 있는지를 자각하게 만든다.

글쓰기를 잘한다는 것은 '나는 지금 어떤 판단을 하고 있는가?'를 끊임없이 점검한다는 뜻이다.

5. 독자가 이해하는 글은 내 생각을 이해한 글이다

많은 글이 실패하는 이유는, 독자가 아니라 글쓴이 자신이 자기 생각을 이해하지 못하고 있기 때문이다.

"내 생각은 이런데, 왜 사람들은 이해하지 못하지?"
이 말 속에는 '주관의 독단'이 숨어 있다.

글쓰기는 이해 받기 위한 예술이다. 내 생각을, 타인의 눈으로 바라보고, 그들의 언어로, 그들의 논리로 풀어내는 행위다. 따라서 구조화란 단순히 말 잘 하는 기술이 아니라, 이해와 공감의 사다리를 놓는 것과 같다.

정리

주관을 버리라는 것이 아니라, 객관의 형식으로 편집하라는 것이다.

칸트는 직관과 지성의 결합 없이는 어떤 것도 인식될 수 없다고 했다. 직관(주관)만 있으면 일기이고, 지성(객관)만 있으면 논문이다. 우리가 원하는 글쓰기는, 이 둘을 균형 있게 엮은 산문이다.

생각은 누구에게나 있지만, 생각을 구조화하는 힘은 훈련된 자에게만 주어진다. 이 힘은, 당신의 문장을 진실되게 만들고 당신의 세상을 독자와 연결시킨다. 당신이 주관과 객관의 균형을 맞출 때, 글쓰기는 더 이상 고통이 아니라, '소통과 철학의 도구'가 된다.

3절. 생각을 간결하게 구성하는 2개의 인식프레임

사람들은 종종 말한다.
"생각은 많은데, 글이 안 나와요."
"생각은 깊은데, 너무 복잡해서 설명할 수가 없어요."

그런데 여기엔 중요한 진실이 숨어 있다. 복잡한 생각이란, 정리되지 않은 생각일 뿐이다. 깊은 생각은 언제나 간결한 문장으로 나올 수밖에 없다. 왜냐하면 사유의 핵심은 본질을 향해 나아가기 때문이다.

칸트는 이 점을 철학적으로 증명했다. 그의 『순수이성비판』은 방대하고 난해하지만, 중심 사상은 감히 저자가 보기에 이렇다.
"인간은 감각 없이 오직 사유만으로 인식할 수 있는가?"
이 질문 하나로 그는 800쪽이 넘는 논문을 썼다. 따라서 중요한 것은 생각의 깊이가 아니라, '그 깊이를 어떻게 구조화하고 표현하느냐'에 달려 있다.

1. 복잡함은 '정보 과잉'이 아니라 '관계 부재'의 문제로 보아야 한다
사람들이 이해하지 못하는 글에는 대체로 두 가지 문제가 있다.
첫째, 너무 많은 정보를 한 문장에 담으려 한다.
둘째, 생각들 사이의 논리적 관계가 생략되어 있다.

예를 들어 보자.
"현대 사회는 복잡해지고 있으며 인간은 고립되고 불안하며 기술은 날로 발전하고 정치 시스템은 변화하고 있고 소통은 단절되고 있다." 이 문장은 정보가 많지만 의미는 약하다. 왜? 관계가 없기 때문이다. 독자는 "그래서 뭐?"라는 질문을 던진다.
생각을 간결하게 만드는 첫걸음은 이렇다.
"문장에서 핵심 관계는 무엇인가?"
원인-결과, 전체-부분, 과거-현재, 개인-사회 등의 프레임을 통해 생각의 흐름을 꿰어야 한다.

2. 인식프레임1 - 칸트의 인식 프로세스는 '정리의 틀'이다

칸트의 인식 프로세스(감성 → 직관 → 개념 → 판단 → 이성)는 단지 사고의 흐름을 설명하는 구조가 아니다. 이것은 글을 정리하는 순서이기도 하다.

예를 들어, 당신이 어떤 사회 문제를 보고 글을 쓰려 한다면, 다음과 같이 구조화를 할 수 있다.

감성: 뉴스에서 접한 사건에 대한 감정적 반응
직관: 그 사건의 구체적 장면 (언제, 어디서, 누가)
개념: 이 사건은 어떤 문제를 드러내는가? (예: 시스템 불신)
판단: 이 문제의 원인은 무엇이며, 어떤 방향으로 해석할 수 있는가?
문장: 이것이 독자에게 전달되어야 할 메시지는 무엇인가?

이 순서를 따르면, 아무리 복잡한 이슈라도 정돈된 흐름으로 문장을 구성할 수 있다.

3. 칸트의 인식 프레임2 - 글을 간결하게 쓰는 3단 프레임 '왜-무엇을-어떻게'

실제로 글을 쓸 때 사용할 수 있는 실용적 프레임 하나를 제안한다. 이 프레임은 복잡한 생각을 압축적으로 구조화할 수 있도록 도와준다.

1) 왜 이 이야기를 해야 하는가?
문제의식, 동기, 배경, 질문
글의 맥락과 중요성

2) 무엇을 말하고 싶은가?
중심 주장, 핵심 개념, 주요 사례
글의 주제 문장

3) 어떻게 이 생각을 증명할 것인가?
논거, 구체 사례, 비교, 은유, 유추
독자가 납득할 수 있는 전개 방식
이 프레임은 칸트의 인식 프로세스와 일치한다. '왜'는 문제 감지, '무엇'은 개념화, '어떻게'는 판단과 이성이다.

예를 들어 보자:
· 우리는 너무 쉽게 SNS에 감정을 투사한다.
· 이는 개인의 사유 능력을 약화시키는 원인이 된다.
· 왜냐하면 즉각적인 반응은 사유의 숙성을 방해하기 때문이다. 실제 사례를 보면…
이런 구성은 글의 깊이를 살리면서도 독자의 이해를 돕는다.

4. 긴 글보다 정확한 단락이 설득력을 만든다

글은 짧을수록 좋다. 그러나 짧은 글은 제대로 구조화된 생각을 전제로 해야 한다. 간결함은 생략이 아니라 요약의 미덕이다. 긴 글은 독자를 지치게 하고, 핵심이 흐려진다. 반면에 핵심만으로 구성된 짧은 글은 독자의 인지를 붙잡는다.
"진실은 긴 설명을 필요로 하지 않는다."
이 말은 칸트가 아니라, 당신의 글이 증명해야 할 명제다.

정리: 간결한 문장은 사유의 압축이다

복잡한 생각은 그 자체로 미덕이 아니다. 글쓰기에서 중요한 것은, 그 복잡함을 '어떻게 단순화하느냐'이다. 간결함은 지적 설계의 결과다.

칸트는 철학을 사유의 질서라고 말했다. 당신의 글 역시 질서를 가질 때, 깊이는 간결함으로 증명된다.

4장 종합 실전 워크북

복잡한 생각을 질서 있게 정리할 수 있다.

칸트의 인식 흐름(감성 → 직관 → 개념 → 판단 → 이성)을 글쓰기에 적용할 수 있다.

생각의 주관성과 객관성을 균형 있게 조절하며, 간결하게 쓸 수 있다.

STEP 1. 칸트의 인식 흐름으로 수필쓰기

실습 1) 감정 → 문장으로 변환하는 훈련
제목: 소영아, 오늘은 울지 마라. 아빠도 참는다

감성(있는 그대로의 느낌):
네가 두 살 때, 엄마 아빠 신혼여행 비디오 보다가 갑자기 '나는 왜 없냐'며 이불 뒤집어쓰고 펑펑 울었을 때

직관(시간·공간 안에서 구체화):

차가 뒤로 밀리며 요란한 굉음을 내자, '아빠 힘들지? 내가 밀어 줄까?' 라고 했던 말, 그 말 듣고 아빠는 울 뻔했다.

개념화(느낌의 본질 이름 붙이기):

행복한 순간을 온 가족과 함께, 온 친구와 함께 같이 나누고 싶어 하는 너의 본능. 내 편이 힘들어할 때 따뜻한 방패막이가 되어주려 하고, 내 편이 힘들어할 때 대신 그 짐을 지려 하는 따뜻한 너의 마음.

판단(왜 그런 생각이 들었는지 이유 설명):

아빠는 알았다. 이 아이는 평생 자기 존재감을 잃지 않을 아이라는 것을. 역시나, 오늘 보니 주인공답구나.

문장으로 완성:

오늘 아빠가 네 손을 잡고 걷는 이 길은 아마 내가 너한테 해 줄 마지막 '동행'일 거야. 하지만 아빠는 서운하지 않다. 왜냐하면 이제부터는 네가 누군가를 위해 직접 '운전석'에 앉을 사람이 되었으니까.

➤ 수필원본 : 부록6.2 - 소영아, 오늘은 울지 마라. 아빠도 참는다

STEP 2. 주관과 객관을 균형 있게 담는 글쓰기

실습 2) 자기 생각을 객관화하는 프레임

질문: "요즘 내가 반복해서 떠올리는 생각은?"

(예: SNS는 나를 불안하게 만든다/회사 일보다 가족이 더 중요하다)

내 생각(주관):

왜 그런 생각이 드는가? (경험 기반 이유):

이 생각이 보편적인 이유는? (사회적 맥락):

이 생각에 반대하는 사람도 있을까? 있다면, 어떻게 설득할 수 있을까?

독자에게 전달하고 싶은 핵심 문장:

예시:

내 생각: SNS를 멀리했더니 마음이 평화롭다.

이유: SNS 속 자극에 노출되는 것을 피했기 때문이다.

보편성: 많은 사람이 SNS 중독으로 불안을 호소한다.

반론: SNS는 소통의 창구인데 왜 피하는가?

설득: 소통보다는 자극이 더 많은 구조 속에서 나를 지키기 위한 선택이었다.

핵심 문장: 나는 더 이상 SNS 속 소식보다, 내 삶의 고요에 집중하고 싶다.

STEP 3. 복잡한 생각을 간결하게 요약하는 3단 프레임

실습 3) 왜-무엇-어떻게 프레임으로 문단 만들기

왜 이 글을 쓰는가? (동기/문제의식)

무엇을 주장하는가? (핵심 내용)

어떻게 증명하는가? (근거/사례/비유)

예시:

왜: 사람들은 자주 "나는 글을 못 써"라고 말한다.
무엇: 사실은 글을 못 쓰는 게 아니라, 생각이 정리되지 않았을 뿐이다.
어떻게: 칸트의 인식 틀로 생각을 정리하면 누구나 명료한 글을 쓸 수 있다.

→ 완성 문단:

많은 이들이 "나는 글을 못 써요"라고 말한다. 그러나 글을 못 쓰는 게 아니다. 생각을 정리하지 않았기 때문이다. 칸트가 말한 감성에서 문장으로의 흐름을 따르면, 누구든지 자기 생각을 글로 표현할 수 있다.

STEP 4. 간결하고 명료한 문장 만들기 훈련

실습 4) 긴 문장은 짧게, 짧은 문장은 정확하게
긴 문장은 여러 문장으로 쪼개라.

예시1
"오늘 아침에 일어났을 때 머릿속이 복잡했는데 그것은 아마도 어제 있었던 후회스러운 대화 때문일 것이다."
수정:
"오늘 아침, 머릿속이 복잡했다. 아마도 어제의 후회스러운 대화 때문

인 듯하다."

짧은 문장을 명확하게 확장하라.

예시2

"나는 슬펐다."

수정:

"나는 아무도 없는 퇴근길 지하철 안에서 문득, 나의 한 쪽이 무너지는 듯한 감정에 사로잡혔다."

핵심 메시지

복잡한 생각을 단순화하는 것은 지적 훈련이다.

사유의 흐름(감성 → 직관 → 개념 → 판단 → 이성)을 의식하며 글을 써 보자. 나의 주관을 객관화하여 독자가 쉽게 이해할 수 있는 문장을 만들자. '왜-무엇-어떻게' 프레임은 어떤 주제에도 적용 가능한 최고의 글쓰기 도구다. 짧고 명료한 문장은 정확한 생각에서 나온다.

5장

칸트의 12범주
- 글의 구조를 다지는 칸트식 도구

문장이 막힐 때, 대부분의 사람들은 단어를 떠올리려 하거나 감정에 다시 몰입하려 한다. 그러나 문장이 자연스럽게 흐르지 않는 진짜 이유는, 생각의 구조가 빠져 있기 때문이다. 5장은 철학자 칸트가 제시한 12범주를 글쓰기 틀로 끌어와 생각을 분석하고 분류하며 배열할 수 있는 구조적 틀을 제공한다.

칸트의 12범주는 무엇인가? 칸트는 인간의 인식이 무질서한 감각 자료를 판단 가능한 지식으로 전환하기 위해, 지성 안에 고정된 구조(=범주)가 작동한다고 보았다. 이 12개의 틀은 4가지 영역으로 나뉘며, 각각 3개의 요소를 가진다.

글쓰기에서 범주는 어떤 역할을 하는가? 글쓰기는 생각을 분해하거나 조합하는 작업이다. 사유의 기본 단위인 범주는 글의 구조를 잡는 도구다.

양은 글의 스케일이다. (하나인가, 여러 개인가, 전체를 말하는가?)
질은 글의 내용에 대한 태도다. (존재하는가, 아니다, 어느 정도까지

인가?)

관계는 논리적 연결 구조다. (이유는 무엇인가, 결과는 무엇인가?)

양태는 진술의 성격이다. (가능한가, 실체인가, 반드시 그런가?)

글쓰기에 적용하면

글의 주장을 전체성으로 정리하고,

주장의 원인과 결과를 밝히고,

그것이 실제로 현실성을 가지는지 설명하고,

독자에게 필연성 있는 메시지로 귀결될 수 있도록 전개한다.

즉, 범주를 활용하면 글은 감정의 나열에서 벗어나 논리적-구조적-철학적 설계물로 진화한다.

핵심 메시지

생각이 글이 되는 데는, 구조가 필요하다. 그 구조는 철학 속에 이미 있다. 칸트의 12범주는 추상적 개념이 아니라 글쓰기를 명료하게 하고 논리를 단단히 세우는 실용적인 사고의 도구다. 각 범주를 글쓰기 실전에 어떻게 적용할 것인가를 예시, 조합, 워크시트와 함께 본격적으로 다룰 것이다. 생각을 구조화하고, 구조화된 생각을 문장으로, 글로 세우기 위한 철학자의 건축 도면이 펼쳐질 차례다.

1절. 칸트의 12범주란 무엇인가?

칸트의 범주는 세상을 인식하는 기본 도구이자, 사고를 정리하는 구조적 틀이다. 글쓰기도 결국 사유를 정리하는 구조 작업이므로, 12범주는 강력한 글쓰기 툴이라고 볼 수 있다.

1. 칸트의 범주란 무엇인가?

칸트는 인간의 인식이 감각과 경험만으로 구성되지 않는다고 보았다. 인간은 사물을 받아들임과 동시에, 그것을 구조화하는 틀을 가지고 있어야만 한다고 보았다. 이 틀이 바로 범주(categories)다.

범주는 우리가 생각을 판단으로 조직할 때 사용하는 마음의 법칙들이다. 칸트는 이 범주들을 4가지 묶음으로 분류했다.

2. 칸트의 12범주 요약

범주명 → 설명 → 글쓰기 적용 힌트

1) 양(量)

단일성 → 하나의 주제 → 중심 메시지 설정
복수성 → 복수의 요소 → 사례 나열, 대조
전체성 → 통합된 전체 → 글의 종합, 결론

2) 질(質)

존재성 → 존재하는 것 → 현실 사례, 구체성
부정성 → 없는 것, 결핍 → 문제 제기, 의문
제한성 → 있는 것의 한계 → 반론 제시, 조건 설정

3) 관계(關係)

실체와 속성 → 주체와 그 특징 → 중심 주장과 설명 구분

원인과 결과 → 인과 관계 → 주장 → 근거 구성
상호작용 → 양방향 관계 → 대화형 구조, 독자 관점 포함

4) 양태(樣態)

가능성 → 가능한 주장 → 제안, 아이디어
현실성 → 현실적 주장 → 현재 상황 분석
필연성 → 반드시 일어나야 할 주장 → 강한 명제, 결론 강조

3. 왜 글쓰기에도 범주가 필요한가?

우리의 생각은 흘러 넘치고, 글은 쉽게 산만해진다. 이때 범주는 생각을 걸러 주는 체망처럼 작동한다. 범주를 활용하면 글이 이렇게 바뀐다.

초점이 흐려질 때 → 양(量): 하나의 주제(단일성)에 집중
글이 뻔할 때 → 질(質): 반대 관점(부정성)으로 논리 확장
전개가 느슨할 때 → 관계: 원인과 결과로 전개
메시지가 약할 때 → 양태: 가능성 → 현실성 → 필연성 순으로 강조

4. 12범주의 글쓰기 적용 사례

주제: "퇴근 후 글쓰기 습관이 삶을 바꾼다"

단일성 → 나는 글쓰기라는 한 가지 습관에 집중하기로 했다.
복수성 → 처음엔 짧은 일기, 메모, 생각 정리 등 여러 방식으로 시도했다.
전체성 → 결국 이 모든 시도는 나만의 글쓰기 루틴을 형성하는 데 도움이 되었다.

존재성 → 하루 10분, 실제로 책상에 앉아 펜을 드는 것부터 시작했다.
부정성 → 퇴근 후 시간을 낭비하던 내게 글쓰기는 작은 각성이었다.
제한성 → 물론 피곤한 날은 글의 질이 떨어지기도 했다.

실체와 속성 → 글쓰기는 내 삶의 리듬이 되었고, 사고의 도구가 되었다.
원인과 결과 → 하루 10분 글쓰기는 결국 내 삶을 정리하고 방향을 주었다.
상호작용 → 독자와의 소통은 나의 생각을 더 풍부하게 만들었다.

가능성 → 글쓰기는 누구나 가능하다. 시작만 하면 된다.
현실성 → 지금도 나는 매일 한 문단씩 적고 있다.
필연성 → 이 습관은 결국 내가 나를 잃지 않게 하는 핵심이 되었다.

5. 범주는 사고의 조립 도구다

한 가지 주제를 다루더라도, 범주를 기준으로 질문하면 전혀 다른 각도에서 글을 펼칠 수 있다.

주제: 시간관리

단일성: 당신은 하루 중 무엇에 가장 많은 시간을 쓰는가?
부정성: 무엇을 하지 못하고 있는가? 왜?
원인과 결과: 당신의 시간 습관은 어떤 결과를 초래하는가?
필연성: 지금 이 습관을 바꾸지 않으면 어떤 일이 일어날까?
이처럼 범주는 글을 확장하면서도, 정돈된 구조를 유지하게 해 준다.

실전 과제: 내 생각을 12범주로 재구성해 보기

내가 쓰고 싶은 주제

→ _____

아래 12칸에 따라 질문을 적고, 각 항목에 대한 문장을 1줄씩 적어 보라.

내 문장

단일성

→ _____

복수성

→ _____

전체성

→ _____

존재성

→ _____

부정성

→ _____

제한성

→ _____

실체와 속성

→ _____

원인과 결과

→ _____

상호작용

→ _____

가능성

→ _____

현실성

→ _____

필연성

→ _____

정리

칸트의 12범주는 단지 철학 개념이 아니라, 글쓰기의 뼈대다. 범주는 생각을 다각화하고, 글을 구조화한다. 당신의 생각이 산만하다면, 이제 범주의 눈으로 질문하라.

"범주를 입히는 순간, 생각은 방향을 얻고 글은 형식을 갖춘다."

예제 1: 칸트의 12범주표 재구성		
1. 양 (Quantity)	단일성	설명: 하나의 주제 또는 요소
		글쓰기 적용: 중심 주장 설정
	복수성	설명: 여러 요소 또는 사례
		글쓰기 적용: 보완 사례 나열, 대조
	전체성	설명: 모든 것을 통합한 전체
		글쓰기 적용: 글의 종합, 결론 도출
2. 질 (Quality)	존재성	설명: 존재하는 것, 긍정적 서술
		글쓰기 적용: 구체적인 현실 사례

2. 질 (Quality)	부정성	설명: 존재하지 않는 것, 부정 표현
		글쓰기 적용: 문제 제기, 결핍 서술
	제한성	설명: 존재하되 조건이 붙는 것
		글쓰기 적용: 한계 지적, 예외 설정
3. 관계 (Relation)	실체와 속성	설명: 주어와 그 특성
		글쓰기 적용: 주장과 설명의 구분
	원인과 결과	설명: 원인에 따른 결과
		글쓰기 적용: 논리 전개, 인과 구성
	상호작용	설명: 양방향 관계
		글쓰기 적용: 대화형 글, 독자 반응 고려
4. 양태 (Modality)	가능성	설명: 가능할 수 있는 상태
		글쓰기 적용: 아이디어 제시, 제안
	현실성	설명: 실제로 존재하는 상태
		글쓰기 적용: 현재 상황 기술
	필연성	설명: 반드시 일어나는 상태
		글쓰기 적용: 강한 주장, 결론 강조

2절. 생각을 분류하는 양·질·관계·양태

칸트의 12범주는 그 자체로도 글쓰기 도구이지만, 묶음(양, 질, 관계, 양태)으로 구조화하면 더 강력한 글쓰기 기획의 프레임이 될 수도 있다.

이 절에서는 각 묶음이 어떻게 글의 성격, 논지, 전개 방식에 영향을 미치는지 이해하고, 구성, 전개, 마무리에 적용하는 법을 훈련한다.

1. 12범주는 4개의 인식 구조로 묶여 있다

양(量) → 단일성, 복수성, 전체성 → '얼마나 많은가', '하나인가, 여러

개인가, 전부인가'

질(質) → 존재성, 부정성, 제한성 → '존재 여부'에 대한 판단 (있는가, 없는가, 어느 정도인가)

관계(關係) → 실체와 속성, 원인과 결과, 상호작용 → '사이 관계'와 '구조'를 묻는다.

양태(樣態) → 가능성, 현실성, 필연성 → '그것이 가능/실재/필연인가'를 판단한다.

2. 각 묶음은 글의 기획 → 전개 → 설득 → 마무리 단계에 대응된다

양 → 주제의 범위와 스케일 결정 → 나는 이 글에서 하나를 말할 것인가? 여러 개를 비교할 것인가? 전체 구조를 설명할 것인가?

질 → 문제의 존재 여부와 성격 정의 → 이것은 실제로 존재하는 문제인가? 결핍인가? 조건이 있는가?

관계 → 논리 흐름과 구조 설계 → A와 B는 어떤 관계인가? 주제는 결과인가, 원인인가? 독자와 어떤 상호작용이 가능한가?

양태 → 주장의 강도 조절과 결론 설계 → 이건 제안인가, 현실 분석인가, 반드시 이뤄져야 할 일인가?

3. 글쓰기 실전 프레임: 4묶음 기반 설계 예시

주제: 퇴근 후 10분 글쓰기의 효과

양, 구조 설계

"글쓰기는 단 하나의 습관으로 삶 전체의 질을 바꾼다." (단일성)

"여러 방식의 글쓰기(일기, 메모, 에세이)를 실험했다." (복수성)
"결국, 이 모든 과정은 나를 더 깊이 이해하게 했다." (전체성)

질, 사고 흐름

"많은 직장인들이 퇴근 후 자신만의 시간을 갖지 못한다." (존재성)
"시간이 없다는 말은 대부분 자기표현의 필요성을 부정당한 결과다." (부정성)
"하지만 10분이라는 제한된 시간 안에서 글쓰기는 가능하다." (제한성)

관계, 전개 흐름

"글쓰기는 나의 감정을 보여 주는 동시에 정리해 준다." (실체와 속성)
"매일 쓰는 글은 감정의 순환을 막고, 사고를 확장시켰다." (원인과 결과)
"독자들과의 댓글 소통은 나의 시야를 더 넓혀 주었다." (상호작용)

양태, 결론 정리

"누구나 글쓰기를 시도할 수 있다." (가능성)
"지금 이 시간에도 나는 한 문장을 쓰고 있다." (현실성)
"이것이야말로 내가 삶을 지키는 방식이며, 반드시 필요한 실천이다." (필연성)

4. 실습: 내 글쓰기 기획에 4묶음 적용해 보기

주제:

→ _____

구조 → 질문 → 나의 아이디어

양 → "하나만 말할까? 여러 사례를 들까? 전체 구조를 보여 줄까?"
→ _____

질 → "이 문제는 존재하는가?" "무엇이 결핍되었는가?"
→ _____

관계 → "A와 B의 구조는?" "이유와 결과는?" "나와 독자의 관계는?"
→ _____

양태 → "이건 제안일까? 분석일까? 반드시 해야 할 주장일까?"
→ _____

5. 글쓰기 설계의 사고력 확장 포인트

사고력 자극 질문

양 → "몇 개인가?", "이게 전부인가?", "비교할 수 있는가?"
질 → "정말 존재하는가?", "정확히 무엇이 빠져 있는가?"
관계 → "원인은 무엇인가?", "이건 무엇의 결과인가?", "이 사이에 대화가 가능한가?"
양태 → "가능하기만 한가?", "지금 실행되는가?", "반드시 필요한가?"

예제 1. 범주를 조합하여 문장 구성 1

양의 단일성, 질의 현실성, 관계의 실체와 속성, 양태의 가능성을 조합하여 문장을 만들고 분석하라.

단일성(양), 존재성(질), 실체와 속성(관계), 가능성(양태)은 각 묶음의 '핵심적이고 대표적인 범주'들로, 글쓰기의 기초를 구성하는 강력한 조합이다. 철학적이고 설득력 있는 글쓰기를 위한 조합이다.

조합 기준

양 - 단일성 → 주제 집중 → 글의 초점 설정, 중심 메시지
질 - 존재성 → 구체성 부여 → 존재 기반 사례로 신뢰성 확보
관계 - 실체와 속성 → 설명 구조 → 주어와 설명 구성 명료화
양태 - 가능성 → 의미 확장 → 가능성 제시, 제안과 전망 유도

조합 문장 분석

(1) 글쓰기라는 한 가지 습관이, 매일 아침의 질서를 회복시킬 가능성을 열어 주었다.

단일성: 글쓰기 한 가지
존재성: 매일 아침의 질서
실체와 속성: 습관이 → 질서를 회복시킴
가능성: 가능성을 열어 줌
하나의 주제에 집중하면서 실제 삶의 변화 가능성을 구체화함

(2) 집중력은 하나의 태도가 아니라, '현재 환경에 얼마나 반응하는가?'의 속성일 수 있다.

단일성: 집중력
존재성: 현재 환경
실체와 속성: 집중력 = 반응하는 속성
가능성: ~일 수 있다
심리 개념을 '속성'으로 구조화하고 가능성으로 제안함

(3) 하루 10분 산책이 지금의 우울감을 낮추는 가장 현실적인 가능성이다.
단일성: 하루 10분 산책
존재성: 지금의 우울감
실체와 속성: 산책 → 우울감 낮춤
가능성: 가장 현실적인 가능성
행위-효과 관계를 구조화하고 명확한 적용 대상을 제시함

(4) 관계의 문제는 복잡해 보이지만, 결국 하나의 소통 실패에서 비롯된 것일 수 있다.
단일성: 하나의 소통 실패
존재성: 관계의 문제
실체와 속성: 문제 = 실패에서 비롯됨
가능성: ~일 수 있다
복잡함을 단일화하고, 원인을 명확히 설정함

(5) 정리정돈은 단순한 습관이 아니라, 삶에 대한 태도의 가능성을 드러낸다.

단일성: 정리정돈
존재성: 삶에 대한 태도
실체와 속성: 정리정돈 = 습관이 아닌 태도
가능성: ~의 가능성을 드러낸다
행위의 의미를 확장하며 철학적으로 연결함

(6) 매일 쓰는 한 문장이 내 정체성의 중심축이 될 수 있다.
단일성: 한 문장
존재성: 내 정체성
실체와 속성: 문장 → 중심 축
가능성: ~이 될 수 있다
행동의 반복이 내면을 규정하는 가능성을 탐색함

(7) 질문 하나가 사고의 질을 바꾸는 현실적 가능성이 있다.
단일성: 질문 하나
존재성: 사고의 질
실체와 속성: 질문 → 질 변화
가능성: 현실적 가능성
작은 단위에서의 변화 가능성을 강조한 구조적 문장

(8) 기록은 단순한 보존이 아니라, 삶을 반추하는 지적 습관의 가능성을 품고 있다.
　단일성: 기록
　존재성: 삶

실체와 속성: 기록 → 반추하는 습관

가능성: 가능성을 품고 있다

실체-속성 구조 안에서 의미적 확장을 유도함

(9) 매일의 루틴 하나가 삶 전체의 리듬을 재구성하는 계기가 될 수 있다.

단일성: 루틴 하나

존재성: 삶 전체의 리듬

실체와 속성: 루틴 → 리듬 변화

가능성: 계기가 될 수 있다

단일 행동이 전체 변화로 확장되는 가능성을 강조함.

(10) 질문하는 습관은 지식을 쌓는 방식이 아니라, 앎의 태도를 바꾸는 가능성이다.

단일성: 질문하는 습관

현실성: 지식과 태도

실체와 속성: 습관 → 앎의 태도 변화

가능성: 가능성이다

글쓰기와 사고 사이의 본질적 연결을 도출함

예제 2. 범주를 변경하여 재구성 2

이번에는 양의 복수성, 질의 부정성, 관계의 원인과 결과, 양태의 현실성을 조합하여 문장을 만들고 분석해 보겠다. 이번 조합은 글을 깊이 있게 전개하고, 문제를 드러내며, 현실을 통찰하는 데 매우 강력한 구조이다.

이 조합의 힘

복수성 → 풍부한 예시로 설득력 강화

부정성 → 문제 제기, 비판적 시각 유도

원인과 결과 → 논리적 흐름 제공, 독자 설득

현실성 → 독자의 공감 확보, 실용적 적용

이 조합은 다음과 같은 상황에 특히 유용하다.

문제의 원인을 구조적으로 짚고 싶을 때. 진단형 칼럼, 시사 비평, 사회적 글쓰기를 할 때, '왜 그런가?'를 묻고, 무엇이 결핍되었는가를 중심에 둘 때, 비판적 사고 + 현실적 진단에 적합하며, 보고서, 칼럼, 사회비평형 수필, 기획 문서에 특히 유용하다.

조합 구성

범주 → 역할 → 글쓰기 기능

양 - 복수성 → 여러 요소를 제시 → 예시 나열, 문제의 다면성 강조

질 - 부정성 → 결핍, 존재하지 않는 것 → 문제 제기, 한계 인식

관계 - 원인과 결과 → 인과 관계 구성 → 설득력 있는 흐름 형성

양태 - 현실성 → 실제 상황과 연결 → 현실성, 적용 가능성 확보

문장 + 범주 분석

(1) 여러 직장인이 번아웃을 겪는 이유는, 휴식이라는 개념 자체가 조직 문화에 존재하지 않기 때문이다.

복수성: 여러 직장인

부정성: 휴식 개념이 존재하지 않음
　　원인과 결과: 휴식 없음 → 번아웃
　　현실성: 실제 조직 문화 문제
　　실제 문제를 복수의 사례로 끌어와 현실을 직시한 진단형 문장

(2) 많은 교육 제도가 실패하는 원인은, 학습자 중심이 부재한 현실 때문이다.
　　복수성: 많은 교육 제도
　　부정성: 학습자 중심 부재
　　원인과 결과: 학습자 고려 없음 → 제도 실패
　　현실성: 제도와 현실의 괴리
　　제도와 현실의 간극을 날카롭게 짚는 인과 분석형 문장

(3) 우리 사회에는 공감과 존중이라는 두 덕목이 부재하며, 이것이 갈등의 일상화를 초래하고 있다.
　　복수성: 공감과 존중
　　부정성: 부재
　　원인과 결과: 부재 → 갈등의 일상화
　　현실성: 우리 사회의 현재
　　사회적 결핍이 일으키는 결과를 명쾌하게 서술

(4) 많은 콘텐츠가 사람의 진짜 고민을 건드리지 못하는 이유는, 감정과 진심이 빠져 있기 때문이다.
　　복수성: 많은 콘텐츠

부정성: 감정과 진심의 부재
원인과 결과: 감정 없음 → 공감 실패
현실성: 실제 콘텐츠 소비 현장
내용 부족의 원인을 구조적·정서적 결핍으로 분석

(5) 자존감을 무너뜨리는 수많은 말들은, 실은 타인의 시선을 맹신하는 구조에서 비롯된다.
복수성: 수많은 말들
부정성: 자존감 무너짐
원인과 결과: 시선 맹신 → 말의 위력
현실성: 사회적 현실 속 심리적 결과
말의 힘과 환경의 인과를 현실감 있게 보여 주는 구조

(6) 이직을 반복하는 청년들이 많지만, 그 원인은 경로 안내가 실종된 사회적 구조에 있다.
복수성: 청년들
부정성: 안내가 없음
원인과 결과: 안내 부재 → 반복적 이직
현실성: 노동 시장의 실상
현실성 높은 진단을 구조화해 설득력 부여

(7) 여러 번의 실패를 겪는 창업자들이 늘어나는 건, 실패를 허용하지 않는 제도와 정서 때문이다.
복수성: 여러 번의 실패

부정성: 실패 허용 안 됨
원인과 결과: 문화/제도 → 실패 누적
현실성: 스타트업 생태계
정책과 정서의 실패 유발 구조를 분석

(8) 많은 사람들이 휴식을 죄책감으로 받아들이는 건, 쉴 권리가 제도화되지 않은 현실 때문이다.
복수성: 많은 사람들
부정성: 쉴 권리 없음
원인과 결과: 제도 미비 → 심리적 내면화
현실성: 현재 노동 환경
개인 심리와 사회 구조를 연결한 인문적 인과 문장

(9) 수많은 자기 계발 책이 독자를 지치게 하는 건, 실패에 대한 진지한 언급이 빠져 있기 때문이다.
복수성: 수많은 책
부정성: 실패 언급 없음
원인과 결과: 실패 생략 → 독자 소진
현실성: 실제 자기 계발 시장에서의 반응
문화비평적 관점에서 콘텐츠의 한계를 구조화

(10) 다양한 교육 프로그램이 제자리를 맴도는 이유는, 실천으로 연결되는 구조가 부재하기 때문이다.
복수성: 다양한 프로그램

부정성: 실천 연결 없음
원인과 결과: 구조 미비 → 효과 없음
현실성: 현재 교육 현장
현장 진단형 글쓰기에 매우 유용한 구조적 진단 문장

예제 3. 범주변경 문장 재구성 3

이번에는 양의 전체성, 질의 제한성, 관계의 상호작용, 양태의 필연성을 조합하여 문장을 만들고 분석해 보겠다. 이번 조합은 글쓰기에 논리적 완결성과 철학적 무게를 부여하는 고급 구조이다.

이 조합의 특징
범주 → 문장의 핵심 작용
전체성 → 주제를 포괄하여 보편성 제공
제한성 → 조건 설정으로 사실성, 균형 확보
상호작용 → 양방향성을 통해 관계적 이해 강조
필연성 → 강력한 주장, 논리적 귀결 형성

이 조합은 다음을 가능하게 한다.
논리 + 감성 + 윤리가 함께하는 균형 있는 글쓰기, 한 편의 글을 하나의 '구조적 사고 작품'으로 완성하는 데 매우 유리, 철학적 칼럼, 리더십 수필, 조직문화 글쓰기, 자기 계발 콘텐츠에 탁월하다.

조합 개요
범주 → 역할 → 글쓰기 기능

양 - 전체성 → 전체를 포괄 → 결론 도출, 주제 통합
질 - 제한성 → 조건이나 한계 강조 → 현실적 조건 제시, 균형 감각 부여
관계 - 상호작용 → 쌍방 관계 강조 → 관계성, 대화성, 시스템적 사고
양태 - 필연성 → 반드시 도달하는 결론 → 강력한 주장, 논리적 귀결 강조

이 조합은 다음과 같은 글에 적합하다.

논평, 철학 수필, 정책 제안, 심층 칼럼, 인문적 성찰 글

주제의 전체 구조를 파악하고, 그 안의 조건과 상호작용을 고려하며, 최종적으로 하나의 필연적 결론에 이르게 하는 글

(1) 모든 인간관계는 상호 존중이라는 기반 위에서만 유지될 수 있으며, 그 존중은 일정한 심리적 여유가 있을 때에만 가능하다.

전체성: 모든 인간관계
제한성: 심리적 여유가 있을 때만
상호작용: 존중을 주고받음
필연성: 존중 없이는 유지 불가능
관계의 보편성과 조건, 상호작용을 통합적으로 서술

(2) 진정한 배움은 가르치는 자와 배우는 자 사이의 호흡이 맞을 때만 발생하며, 이는 교육이 단방향일 수 없다는 점을 명확히 한다.

전체성: 진정한 배움
제한성: 호흡이 맞을 때만
상호작용: 가르침 ↔ 배움

필연성: 단방향 교육의 한계는 피할 수 없다
교육 현장의 필연적 상호작용 구조를 진단

(3) 사회 전체가 지속 가능하려면, 자원과 가치의 교환이 공정하게 이루어져야 하며, 그 공정함은 단기 성과주의로는 도달할 수 없다.

전체성: 사회 전체
제한성: 단기 성과주의의 한계
상호작용: 자원 ↔ 가치 교환
필연성: 공정함은 필수 조건
사회 시스템의 구조적 필연성을 설계한 문장

(4) 모든 변화는 기존 질서와의 충돌을 전제로 하며, 그 충돌이 타협 가능한 수준이 아닐 경우, 저항은 불가피하다.

전체성: 모든 변화
제한성: 타협 가능한 수준일 경우에만 충돌 조절 가능
상호작용: 변화 ↔ 질서
필연성: 저항은 불가피
변화의 본질을 정치적/사회적 시선으로 분석

(5) 의사소통은 말하는 사람과 듣는 사람의 협력으로만 성립되며, 한쪽의 폐쇄성은 결국 오해를 필연적으로 낳는다.

전체성: 의사소통 일반
제한성: 한쪽이 폐쇄적이면
상호작용: 말하는 사람 ↔ 듣는 사람

필연성: 오해 발생
　일상 속 대화의 실패를 구조적으로 해석

(6) 공동체의 존속은 구성원 간의 책임 분담이 있을 때만 가능하며, 그 분담이 무너지면 해체는 시간 문제다.
　전체성: 공동체의 존속
　제한성: 책임 분담이 있을 때만
　상호작용: 구성원 간 책임 분담
　필연성: 해체는 불가피
　공동체론의 구조적 긴장을 표현한 문장

(7) 사회 전체가 평등을 추구한다면, 대화의 방식 또한 수직적 명령이 아닌 수평적 조율이어야 하며, 이는 문화의 필연적 진화 방향이다.
　전체성: 사회 전체
　제한성: 수직적 명령은 곤란
　상호작용: 대화의 방식
　필연성: 수평적 조율 = 진화 방향
　'가치 → 구조 → 필연'의 단계로 글을 설계

(8) 협업은 기술보다도 태도의 조율에서 성패가 갈리며, 그 태도는 모든 구성원의 신뢰가 전제되어야만 의미를 가진다.
　전체성: 협업 일반
　제한성: 신뢰 전제가 필요
　상호작용: 구성원 간 태도 조율

필연성: 신뢰 없이는 실패
　　협업 실패의 구조적 원인을 날카롭게 설명

(9) 모든 글쓰기는 독자와의 상호 해석을 통해 완성되며, 이 과정이 없다면 글은 단지 발화에 그친다.
　　전체성: 모든 글쓰기
　　제한성: 상호 해석 없을 경우
　　상호작용: 글쓴이 ↔ 독자
　　필연성: 글은 발화에 그침
　　'글쓰기 = 대화'라는 철학적 정의를 구조화

(10) 모든 성장은 도전과 실패라는 양방향 작용을 반드시 수반하며, 실패를 용납하지 않는 환경은 결국 성장을 거부한다.
　　전체성: 모든 성장
　　제한성: 실패를 용납하지 않으면
　　상호작용: 도전 ↔ 실패
　　필연성: 성장 거부
　　성장 메커니즘의 구조와 조건을 설명하는 철학적 구성

정리

칸트의 12범주를 4개 묶음으로 재구조화하면 사고의 깊이뿐 아니라 글쓰기의 설계력과 설득력이 비약적으로 강화된다. 에세이, 칼럼, 기획안, 강연문, 자기소개서에 활용 가능하다.
　　"범주로 생각하고, 묶음으로 글을 짜라."

나아가 4개 이상 묶으면 신과 영혼, 우주의 시작 등 형이상학 문제까지도 철학할 수 있다. 유익하므로 시도를 권장한다.

3절. 범주 기반 글쓰기 실습 —수필/칼럼/논평 예시

12범주와 4묶음(양·질·관계·양태)을 실제 글쓰기 장르에 어떻게 적용하고 응용할 수 있는지를 세 가지 예시를 통해 구조적, 실용적으로 훈련한다. 칸트의 12범주가 단순 개념이 아니라 글쓰기 전략으로도 유용함을 알아본다. 수필은 감정의 흐름에, 칼럼은 구조적 논지에, 논평은 현실과 판단에 범주를 적용한다. 즉, 글의 장르에 맞는 범주의 선택과 배열을 훈련하는 실습 절이다.

1. 수필 예시 — 감성의 흐름 속에 범주를 숨겨라

주제: 빨래를 개며 생각한 것들
어떤 날은 수건을 먼저 개고, 어떤 날은 셔츠부터 접는다. 아내는 옷을 개며 늘 가족을 떠올렸을까? 나는 처음으로 속옷 하나, 셔츠 하나에 담긴 사연을 생각해 본다. 오래된 수건의 실밥 하나가, 나에게는 삶이란 '사용되고 닳아 없어지는 것'임을 말해 준다. 그리고 그 흔적이야말로 사랑의 무게다. 오늘 나는 처음으로 빨래를 개며, 아내가 그동안 어떻게 견뎌 냈는지를 생각해 보았다.

적용 범주(요소 → 적용된 범주)
빨래 하나하나 → 전체적 삶을 반영 → 전체성

오래된 물건에서 사라짐 인식 → 부정성

사랑의 무게는 실밥에 있다 → 실체와 속성

나의 작은 깨달음은 곧 큰 사유 → 필연성

2. 칼럼 예시 — 논리 구조 속에 범주를 배치하라

주제: 퇴근 후 10분, 글을 쓰는 이유

요즘 퇴근 후 10분 글쓰기가 유행이다. 단 하나의 습관이 삶을 바꿀 수 있을까? 나는 그렇다고 믿는다. 여러 직장인이 피곤함을 호소하면서도 글쓰기를 통해 오히려 마음이 정리되고 있다는 보고가 있다. 그들은 모두 10분의 글이 하루의 질서를 되찾아 준다고 말한다. 글쓰기는 감정을 정리하는 도구이자, 생각을 구조화하는 습관이다. 문제는 의지보다도 구조다. '앉을 수 있는 공간', '무엇을 쓸지에 대한 가벼운 생각들', '리뷰 없이 끝내기'만 있어도 글쓰기는 충분히 일상이 될 수 있다. 지금 당신이 해야 할 일은 단 하나, 펜을 잡는 것이다.

적용 범주(요소 → 적용된 범주)

단 하나의 습관 → 단일성

여러 사람의 사례 → 복수성

전체 흐름 정리 → 전체성

실제 유행/보고 → 존재성

무기력한 사람들 → 부정성

글쓰기의 조건 → 제한성

글쓰기 = 도구/습관 → 실체와 속성
글쓰기 → 질서 회복 → 원인과 결과
독자와의 호흡 → 상호작용

누구나 가능하다 → 가능성
지금 이 순간 → 현실성
펜을 잡는 것은 필연이다 → 필연성

3. 논평 예시 — 현실 문제를 판단하고 구조화하라

주제: 디지털 시대, '질문'이 사라진 사회

우리는 클릭과 '좋아요'에는 익숙하지만, "왜?"라고 묻는 것에는 점점 서툴러지고 있다. 학교에서는 정답만 가르치고, 회사에서는 정답 외의 질문은 방해가 된다. 이 사회는 묻지 않는 것을 미덕으로 삼고 있는지도 모른다. 하지만 질문이 사라진 시대는 결국 자신이 무엇을 원하는지도 모르는 시대다. 질문은 무례한 것이 아니라, 타인에게 관심이 있다는 신호다. 우리는 더 많이 묻고, 더 조심스럽게 듣고, 더 깊이 생각해야 한다.

적용된 범주
사회 구조의 경향 분석 → 전체성
묻지 않는 문화 → 부정성
질문 없음 → 판단 없음 → 원인과 결과
질문은 관심이다 → 실체와 속성
묻는 자 ↔ 듣는 자 → 상호작용

질문이 필요하다는 제안 → 가능성

질문은 살아 있는 사유다 → 필연성

4. 범주 기반 글쓰기 실습 양식

주제

→ _____

중심 문제(질)

→ _____

주제 범위(양)

→ _____

구조 흐름(관계)

→ _____

결론 강조(양태)

→ _____

실전 예시:

주제: 10분 아침 글쓰기

질: 대부분 실천하지 못함 (현실성 + 부정성)

양: 단 하나의 습관으로 → 다양한 효과

관계: 글쓰기 → 정리 → 집중력 증가
양태: 누구나 가능하고 반드시 할 가치가 있음

정리

글의 성격에 따라 범주의 배치와 강도는 달라져야 한다. 수필은 감정 흐름 속에 범주를 숨기고, 칼럼은 논지의 뼈대로 배치하며, 논평은 현실을 구조화하는 프레임으로 활용한다.

철학적으로 생각하고, 문장으로 분해하라. 글은 사유의 지도이자 삶의 구조다.

5장 종합 실전 워크북

─ 칸트의 12범주로 생각을 구조화하는 글쓰기 훈련

1. 양(量)의 범주를 활용한 범위

단일성 · 복수성 · 전체성

질문: 나는 지금 한 사람에 대해 말하는가, 몇몇 사람들인가, 모든 사람들'인가?

예시: 프리랜서는 글쓰기에 어려움을 겪는다 → 전체 프리랜서인가? 일부인가?

→ 독자에게 논의 대상의 범위를 명확히 전달하도록 훈련하라.

2. 질(質)의 범주를 활용한 글쓰기 점검

① 존재성

질문: 지금 내가 다루려는 주제는 실제로 존재하거나, 세상에서 일어나고 있는가?

예시: 글쓰기 불안이라는 개념은 나와 주변인들에게 실제로 나타나는 문제인가?

→ 단지 관념적 개념이 아니라 현실적 경험에 기반한 글쓰기를 시도하라.

② 부정성
질문: 이 주장에 반대할 수 있는 사람은 누구이고, 그 이유는 무엇일까?
예시: 매일 써야만 좋은 글이 나온다는 말은 모든 사람에게 적용될까?
→ 자기 생각의 반례를 상상해 보며 논리의 허점을 점검하라.

③ 제한성
질문: 내 판단은 어떤 조건, 시간, 맥락 속에서만 성립하는가?
예시: 철학은 글쓰기에 도움이 된다는 주장은 어떤 글쓰기 유형에만 유효한가?
→ 판단의 조건부 유효성을 인식하고 써라.

3. 관계의 범주를 통한 논리적 연결

① 원인과 결과
질문: 내가 말하는 현상은 어떤 원인에서 비롯되었으며, 어떤 결과로 이어지는가?
예시: '생각이 흐릿하면 글도 흐려진다' → 그 연결 고리를 세부적으로 설명하라.
→ 원인과 결과의 논리를 문장 안에서 설득력 있게 구현하라.

② 실체와 속성
질문: 내가 다루는 개념의 '본질'은 무엇이고, '부차적인 요소'는 무엇인가?

예시: '좋은 글'의 본질은 내용인가, 표현인가?
→ 핵심과 부차를 구분하며 글의 중심을 분명히 하라.

③ 상호작용
질문: 내가 다루는 두 개념은 어떻게 서로 영향을 주고받는가?
예시: 독자와 작가는 서로의 문장을 어떻게 변화시키는가?
→ 쌍방향적 관계 인식을 통해 글의 깊이를 더하라.

4. 양태의 범주로 진술의 성격 파악
질문: 지금 내가 쓰는 판단은 가능성의 주장인가? 실제로 일어난 현실인가? 아니면 반드시 그래야 하는 필연인가?
예시: 글쓰기를 철학으로 훈련할 수 있다는 말은 가능의 주장인가, 현실의 경험인가, 철칙인가?
→ 문장의 진술 태도를 자각하고, 독자에게 글의 무게감을 조절하라.

5. 칸트의 12범주 전체를 활용하여 한 편의 수필을 구성하고, 범주별로 구조화하는 훈련

수필 제목: 한 사람의 하루가 세계를 바꾼다

한 사람의 하루가 세계를 바꾼다. 매일 아침, 나는 책상 앞에 앉아 단 하나의 문장을 써 내려간다. 이 습관은 하루를 구성하는 여러 활동 가운데 내가 가장 많이 망설였고 또 가장 많이 반복한 것이다.

지금에 와서야 나는 안다. 이 모든 습관과 시도는 결국 나의 사고를 구성하고, 나를 조금씩 빚어 왔다는 것을. 내가 존재한다는 것, 그리고 지금 여기에서 생각할 수 있다는 사실은, 어떤 추상도 아닌 아주 구체적인 체험에서 비롯되었다.

  그러나 쓰기란 언제나 부족하다. 언제나 미완이고, 언제나 말하지 못한 어떤 것들이 남는다. 그래서 나는 알고 있다. 매일 쓰는 이 행위에는 완벽한 문장을 만들 수 없다는 근본적인 한계가 있다는 것을. 그럼에도 불구하고 글쓰기는 나를 설명한다. 나는 쓰는 사람이며, 글은 나의 가장 내밀한 면모를 드러내는 방식이다.

  글을 쓴다는 것은 외부 세계에 말을 거는 일이고, 그 세계가 아무 대답을 하지 않더라도 나는 응답을 기다리는 존재가 된다. 내가 글을 쓰게 된 이유는 아주 단순하다. 삶을 이해하고 싶었고, 그 이해가 어딘가로 이어지기를 바랐기 때문이다.

  나는 지금보다 더 나은 언어, 더 나은 표현, 더 나은 사고가 가능하다고 믿는다. 그리고 이 책상 앞에서 보낸 모든 시간은, 실재하는 삶의 일부로서 나를 형성하고 있다.

  마침내 나는 깨닫는다. 이 반복과 사유의 축적이야말로, 내가 이 세상에서 반드시 살아 내야 할 방식이라는 것을.

분석

  이번에는 이 수필을 분석해 보겠다. 이 수필은 사유의 깊이와 언어의 절제미, 그리고 실천의 윤리를 담고 있다.

  매일 아침, 나는 책상 앞에 앉아 단 하나의 문장을 써 내려간다. (단일성)
  이 습관은 하루를 구성하는 여러 활동 가운데, 내가 가장 많이 망설였고 또 가장 많이 반복한 것이다. (복수성)

지금에 와서야 나는 안다. 이 모든 습관과 시도는 결국 나의 사고를 구성하고, 나를 빚어 왔다는 것을. (전체성)

내가 존재한다는 것, 그리고 지금 여기에서 생각할 수 있다는 사실은, 어떤 추상도 아닌 구체적이다. (존재성)

그러나 쓰기란 언제나 부족하다. 언제나 미완이고, 언제나 말하지 못한 어떤 것들이 남는다. (부정성)

그래서 나는 알고 있다. 매일 쓰는 이 행위에는 완벽한 문장을 만들 수 없다는, 근본적인 한계가 있다는 것을. (제한성)

그럼에도 불구하고 글쓰기는 나를 설명한다. 나는 쓰는 사람이며, 글은 나의 가장 내밀한 면모를 드러내는 특성이다. (실체와 속성)

글을 쓰는 행위는 외부 세계에 말을 거는 것이고, 그 세계가 아무 대답을 하지 않더라도 나는 응답을 기다리는 존재가 된다. (상호작용)

내가 글을 쓰게 된 이유는 아주 단순하다. 삶을 이해하고 싶었고, 그 이해가 어딘가로 이어지기를 바랐기 때문이다. (원인과 결과)

나는 지금보다 더 나은 언어, 더 나은 표현, 더 나은 사고가 가능하다고 믿는다. (가능성)

그리고 이 책상 앞에서 보낸 모든 시간은, 실재하는 삶의 일부로서 나를 형성하고 있다. (현실성)

마침내 나는 깨닫는다. 이 반복과 사유의 축적이야말로, 내가 이 세상에서 반드시 살아 내야 할 방식이라는 것을. (필연성)

범주별 분석표

양

단일성 → "단 하나의 문장을 써 내려간다." → 중심 행위 설정
복수성 → "가장 많이 망설였고 또 반복한 것이다." → 행위 다양성 표현
전체성 → "결국 나의 사고를 구성하고, 나를 빚어 왔다는 것을." → 통합
 과 귀결

질

존재성 → "구체적인 체험에서 비롯되었다." → 실재 강조, 신뢰 확보
부정성 → "언제나 말하지 못한 어떤 것들이 남는다." → 결핍, 한계 제시
제한성 → "완벽한 문장을 만들 수 없다는, 근본적 한계" → 조건적 성찰

관계

실체와 속성 → "나는 쓰는 사람이며, 글은 나의 가장 내밀한 특성이다." → 자아와 행위 연결
상호작용 → "아무 대답을 하지 않더라도 나는 응답을 기다리는 존재가 된다." → 타자와의 대화 지향
원인과 결과 → "삶을 이해하고 싶었고, 그 이해가 어딘가로 이어지기를 바랐기 때문이다." → 동기 구조화

양태

가능성 → "더 나은 사고가 가능하다고 믿는다." → 미래에 대한 열림
현실성 → "책상 앞에서 보낸 모든 시간은 실재하는 삶의 일부" → 현

실 감각

필연성 → "반복과 사유의 축적이야말로 내가 이 세상에서 반드시 살아 내야 할 방식" → 철학적 귀결

논리적 완결성: 글은 단일한 주제(하루의 글쓰기)를 다양한 각도(복수성, 상호작용, 인과성)에서 접근하며 정리할 수 있다.
감정과 철학의 균형: 결핍과 한계를 인정하면서도 가능성과 필연성으로 이끄는 구조를 갖춘다.
인문학적 서사: 자아, 세계, 시간, 언어, 실천 사이의 관계가 자연스럽게 연결된다.
칸트 사유의 현대적 응용: 경험이 개념화되고, 판단을 거쳐, 삶의 윤리적 구조로 귀결된다.

6. 12범주를 모두 활용한 수필 제목과 주제 작성

각 수필 제목은 완성된 철학적 주제와 함께 정교한 사유 흐름, 그리고 정서적 메시지를 담고 있으며, 각기 다른 현실, 감정, 구조를 다루되, 모두 12범주의 구조를 내포하고 있습니다.

수필 제목 → 중심 주제
한 사람의 하루가 세계를 바꾼다 → 일상의 사유와 반복
질문은 삶을 확장시키는 기술이다 → 사유의 출발점으로서의 질문
서툰 사랑이 더 오래 남는다 → 불완전한 관계의 힘
시간은 뒤로 걷는 자를 먼저 성장시킨다 → 시간의 비가시적 성장 원리
말하지 않는 마음이 삶을 바꾼다 → 감정의 내면성과 글쓰기

익숙함은 언제나 사라지고 난 뒤에야 이해된다 → 일상의 상실과 인식
혼자만의 사색은 결국 누군가를 위한 것이다 → 내면화된 사유의 대화성
쓰지 않은 진심은 존재하지 않는 것과 같다 → 기록되지 않은 진심의 허무
기다림은 삶에서 가장 창조적인 상태다 → 창조성으로서의 기다림
삶은 반복이 아니라, 다르게 반복되는 것 → 루틴 속 차이의 인식

7. 수필분석 1

이 수필은 칸트의 12범주 전체를 서사 속에 녹여낸 글로, 단순한 일상의 반복 속에서 사유, 구조, 윤리를 통찰하는 글쓰기다.

『한 사람의 하루가 세상을 바꾼다』

한 사람의 하루가 세상을 바꾼다. 하루에도 수백 번 마음이 흔들리지만, 나는 다시 책상 앞에 앉아 단 하나의 문장을 써 내려간다. 이것이 나의 유일한 습관이며, 나를 하루에 정박시키는 닻이다.

어제도 나는 몇 줄을 지웠고, 몇 줄을 남겼다. 글쓰기는 매번 다르지만, 결국 같은 길을 걷는다. 다양한 표현, 다양한 관점, 다양한 감정들이 스쳐 가지만 그 모든 것을 통과한 문장은 단 하나만이 살아남는다.

어쩌면 글쓰기는 삶의 전부는 아닐지도 모른다. 하지만 적어도 내 삶을 구성하는 중요한 전체의 일부인 것만은 분명하다.

내가 살아 있음은 내가 생각하고 있다는 현실에 기초한다. 그 생각은 늘 부족하다. 말로 다 담지 못하고, 이해되지 않는 감정들이 문장 끝에 매달려 있다. 때때로 나는 지친다. 어떤 날은 단어 하나도 떠오르지 않는다. 나는 글쓰기가 가진 한계를 뼈저리게 느낀다. 이건 결코 전지전능한 도구가

아니다. 오히려 그것은 나의 무능을 적나라하게 드러내는 거울이다.

그럼에도 나는 다시 문장을 쓴다. 왜냐하면 글은 나를 설명하기 때문이다. 나는 나를 이해하고 싶고, 그 이해는 늘 표현이라는 행위를 통해서만 가능하기 때문이다.

나는 알고 있다. 내가 써 내려간 문장들이 읽히지 않아도, 공유되지 않아도, 어딘가에서 누군가에게 말을 걸고 있다는 것을.

글은 일방향이 아니다. 글은 언제나 세상과 상호작용한다. 그 대화는 늦게 도착할 수도 있고, 침묵할 수도 있다. 하지만 나는 그 침묵조차 하나의 응답으로 받아들이며, 오늘도 한 문장을 남긴다. 내가 이 행위를 멈추지 않는 이유는 단순하다. 삶을 이해하고 싶었고, 그 이해가 어딘가로 이어지기를 바랐기 때문이다.

나는 여전히 더 나은 언어를 꿈꾼다. 더 나은 사유, 더 정돈된 문장, 더 오래 살아남을 수 있는 단어. 그리고 그 꿈은 지금 이 자리, 아무도 보지 않는 책상 앞에서 실재하고 있다. 이곳이야말로 내가 내 존재를 살아 내는 장소다.

지금 이 문장을 쓰는 일은 작아 보이지만, 결국 이 사유의 반복과 단련이야말로 내가 이 세상에 존재하는 필연적인 방식이라는 것을 나는 믿는다.

8. 수필분석 2

주제: 한 사람의 하루가 세계를 바꾼다
매일 아침, 나는 책상 앞에 앉아 단 하나의 문장을 써 내려간다. (단일성)
이것이 나의 유일한 습관이며, 나를 하루에 정박시키는 닻이다. (실체와 속성)

어제도 나는 몇 줄을 지웠고, 몇 줄을 남겼다. (복수성)

글쓰기는 매번 다르지만, 결국 같은 길을 걷는다. (전체성)

다양한 표현, 다양한 관점, 다양한 감정들이 스쳐 가지만 그 모든 것을 통과한 문장은 단 하나만이 살아남는다. (복수성 → 단일성의 귀결)

어쩌면 글쓰기는 삶의 전부는 아닐지도 모른다. (가능성)

하지만 적어도 내 삶을 구성하는 중요한 전체의 일부라는 것만은 분명하다. (전체성)

내가 살아 있음은, 내가 생각하고 있다는 현실에 기초한다. (현실성)

그 생각은 늘 부족하다. (부정성)

말로 다 담지 못하고, 이해되지 않는 감정들이 문장 끝에 매달려 있다. (제한성)

때때로 나는 지친다. 어떤 날은 단어 하나도 떠오르지 않는다. 나는 글쓰기가 가진 한계를 뼈저리게 느낀다. (제한성)

이건 결코 전지전능한 도구가 아니다. (부정성)

오히려 그것은 나의 무능을 적나라하게 드러내는 거울이다. (실체와 속성)

그럼에도 나는 다시 문장을 쓴다. (필연성)

왜냐하면 글은 나를 설명하기 때문이다. (원인과 결과)

나는 나를 이해하고 싶고, 그 이해는 늘 표현이라는 행위를 통해서만 가능하기 때문이다. (원인과 결과, 가능성)

나는 알고 있다. 내가 써 내려간 문장들이 읽히지 않아도, 공유되지 않아도, 어딘가에서 누군가에게 말을 걸고 있다는 것을. (상호작용)

글은 일방향이 아니다. (상호작용)

글은 언제나 세상과의 상호작용한다. (상호작용)

그 대화는 늦게 도착할 수도 있고, 침묵할 수도 있다. (가능성)

하지만 나는 그 침묵조차 하나의 응답으로 받아들이며, 오늘도 한 문장을 남긴다. (필연성)

내가 이 행위를 멈추지 않는 이유는 단순하다. (원인과 결과)

삶을 이해하고 싶었고, 그 이해가 어딘가로 이어지기를 바랐기 때문이다. (가능성)

나는 여전히 더 나은 언어를 꿈꾼다. 더 나은 사유, 더 정돈된 문장, 더 오래 살아남을 수 있는 단어. (가능성, 양태)

그리고 그 꿈은 지금 이 자리, 아무도 보지 않는 책상 앞에서 실재하고 있다. (현실성)

이곳이야말로 내가 내 존재를 살아 내는 장소다. (실체와 속성)

지금 이 문장을 쓰는 일은 작아 보이지만, 결국 이 사유의 반복과 단련이야말로 내가 이 세계에 존재하는 필연적인 방식이라는 것을 나는 믿는다. (필연성, 전체성)

9. 수필분석 3

『질문은 삶을 확장시키는 기술이다』

질문은 삶을 확장시키는 기술이다.

누구나 답을 원하지만, 나는 질문부터 시작한다.

질문은 단 하나일 수 있다. 그러나 그 하나의 질문은 마음 깊은 곳을 건드린다. (단일성)

나는 늘 여러 개의 질문을 가지고 산다.

아침마다 "나는 왜 일하는가?", 밤이 되면 "나는 어떻게 살아야 하는가?"를 묻는다.

이 질문들은 날마다 새로워지며, 나를 매일 조금씩 바꾸어 놓는다. (복수성)

돌아보면, 이 수많은 질문은 결국 나라는 사람의 구조를 이루었다.

질문은 단편적인 정보가 아니라, 내 삶의 전체를 아우르는 골격이 되었다. (전체성)

질문은 현실에 닿아 있을 때 가장 강력하다.

상상 속이 아니라, 지금 이 자리에서 "나는 충분히 살아 있는가?"를 묻는 순간만 삶은 진짜다. (존재성)

하지만 모든 질문이 힘 있는 것은 아니다.

어떤 질문은 단지 불안의 회로를 되풀이하게 만들고, 어떤 질문은 목적 없는 고뇌를 남긴다. (부정성)

질문은 늘 부족하다.

우리는 말하고 싶은 것을 정확히 묻지 못하고, 때로는 너무 늦게 묻는다.

질문은 명확해질수록, 그만큼 스스로의 한계를 자각하게 만든다. (제한성)

나는 질문이야말로 인간이라는 존재를 가장 잘 설명하는 개념이라고 믿는다.

우리는 질문하는 존재이고, 질문하는 방식은 곧 우리의 존재 방식이다. (실체와 속성)

누군가와의 대화에서, 나는 질문으로 마음을 연다.

질문은 단지 묻는 것이 아니라, 듣는 것이고, 공감하는 것이다.

질문을 주고받는 행위는 관계를 살아 숨 쉬게 만드는 시작점이다. (상호작용)

내가 계속 질문하는 이유는 단 하나다.

살아 있다는 느낌은, 고정된 답이 아니라 계속되는 질문에서 나온다.

질문은 변화의 원인이 되고, 생각의 방향을 바꾸는 결과를 낳는다. (원인과 결과)

질문은 언제나 가능성의 문을 연다.

닫힌 문 앞에서 멈추지 않게 하고, 다른 길이 존재할지도 모른다는 가능성을 남긴다. (가능성)

어떤 질문은 지금 당장 우리의 삶 속에서 작동한다.

"나는 지금 여기에 있는가?", "지금 하고 있는 일은 나를 지탱하는가?"

이 질문들은 탁상공론이 아니라, 현실 속을 살아가는 인간에게 진짜 작동하는 문장이다. (현실성)

그리고 나는 확신한다.

질문 없는 삶은 정지된 시간 속을 떠도는 것과 같다.

질문을 멈추는 순간, 우리는 더 이상 새로울 수 없다.

그러므로 질문하는 삶은 필연적이다.

그것은 삶을 낡게 만들지 않는, 가장 인간적인 기술이다. (필연성)

10. 수필분석 4

각 문장은 주로 한 범주 중심으로 분석하되, 일부 문장은 2개 이상의 범주가 중첩될 수도 있다. 이러한 예는 병기해 두었다.

질문은 삶을 확장시키는 기술이다
(12범주 분석)

누구나 답을 원하지만, 나는 질문부터 시작한다. (단일성)
질문은 단 하나일 수 있다. 그러나 그 하나의 질문은 마음 깊은 곳을 건드린다. (단일성)

나는 늘 여러 개의 질문을 가지고 산다. (복수성)
아침마다 "나는 왜 일하는가?", 밤이 되면 "나는 어떻게 살아야 하는가?"를 묻는다. (복수성)
이 질문들은 날마다 새로워지며, 나를 매일 조금씩 바꾸어 놓는다. (복수성, 상호작용)

돌아보면, 이 수많은 질문은 결국 나라는 사람의 구조를 이루었다. (전체성)
질문은 단편적인 정보가 아니라, 내 삶의 전체를 아우르는 골격이 되었다. (전체성)

질문은 현실에 닿아 있을 때 가장 강력하다. (존재성)
상상 속이 아니라, 지금 이 자리에서 "나는 충분히 살아 있는가?"를 묻는 순간만 삶은 진짜다. (존재성)
하지만 모든 질문이 힘 있는 것은 아니다. (부정성)
어떤 질문은 단지 불안의 회로를 되풀이하게 만들고, 어떤 질문은 목적 없는 고뇌를 남긴다. (부정성, 제한성)

질문은 늘 부족하다. (부정성)

우리는 말하고 싶은 것을 정확히 묻지 못하고, 때로는 너무 늦게 묻는다. (제한성)

질문은 명확해질수록, 그만큼 스스로의 한계를 자각하게 만든다. (제한성)

나는 질문이야말로 인간이라는 존재를 가장 잘 설명하는 개념이라고 믿는다. (실체와 속성)

우리는 질문하는 존재이고, 질문하는 방식은 곧 우리의 존재 방식이다. (실체와 속성)

누군가와의 대화에서, 나는 질문으로 마음을 연다. (상호작용)

질문은 단지 묻는 것이 아니라, 듣는 것이고, 공감하는 것이다. (상호작용)

질문을 주고받는 행위는 관계를 살아 숨 쉬게 만드는 시작점이다. (상호작용)

내가 계속 질문하는 이유는 단 하나다. (단일성, 원인과 결과)

살아 있다는 느낌은, 고정된 답이 아니라 계속되는 질문에서 나온다. (원인과 결과)

질문은 변화의 원인이 되고, 생각의 방향을 바꾸는 결과를 낳는다. (원인과 결과)

질문은 언제나 가능성의 문을 연다. (가능성)

닫힌 문 앞에서 멈추지 않게 하고, 다른 길이 존재할지도 모른다는 가

능성을 남긴다. (가능성)

어떤 질문은 지금 당장 우리의 삶 속에서 작동한다. (현실성)

"나는 지금 여기에 있는가?", "지금 하고 있는 일은 나를 지탱하는가?" (현실성)

이 질문들은 탁상공론이 아니라, 현실 속을 살아가는 인간에게 진짜 작동하는 문장이다. (현실성)

그리고 나는 확신한다. (필연성)

질문 없는 삶은 정지된 시간 속을 떠도는 것과 같다. (부정성, 필연성)

질문을 멈추는 순간, 우리는 더 이상 새로울 수 없다. (제한성, 필연성)

그러므로 질문하는 삶은 필연적이다. (필연성)

그것은 삶을 낡게 만들지 않는, 가장 인간적인 기술이다. (실체와 속성, 전체성)

묶음 → 범주 → 수필 내 기능

묶음 → 범주 → 수필 내 기능			
양	→ 단일성	→	질문의 출발점 설정, 중심 행위 강조
	→ 복수성	→	삶 속 다양한 질문과 변화를 포착
	→ 전체성	→	질문이 삶 전체를 구성하는 구조로 작용
질	→ 존재성	→	질문의 실제성과 지금 여기에 대한 감각
	→ 부정성	→	힘 없는 질문, 무기력한 사고 비판
	→ 제한성	→	질문의 한계와 인간 인식의 경계 인식
관계	→ 실체와 속성	→	인간 존재로서 질문하는 존재 규정
	→ 원인과 결과	→	질문→변화→삶의 확장 구조
	→ 상호작용	→	질문과 타자, 질문과 세계의 대화성

양태	→	가능성	→	새로운 사유, 다른 삶의 열림 제시
	→	현실성	→	지금 여기서 작동하는 질문의 힘
	→	필연성	→	질문하는 삶이 반드시 필요한 이유 강조

실전 활용법

글을 쓰기 전, 내가 말하고 싶은 주제를 적는다. 위 범주 질문들을 적용하여 주제를 분해하고 범주별 메모를 작성한다. 메모를 바탕으로 문단을 구성하면, 감정 중심 글이 판단 중심 글로 자연스럽게 전환된다.

정리

칸트의 12범주는 단지 철학 개념이 아니라, 글쓰기에서 생각을 분류하고 조직하는 정교한 도구다. 이 워크북은 그 도구를 글쓰기의 실천으로 전환하는 철학적 글쓰기의 핵심 훈련이다. 생각을 나눈다는 건, 사유의 뼈대를 세운다는 뜻이다. 그리고 뼈대 있는 글은 반드시 독자의 마음에 남는다.

6장

현실 문제에 대한 사유
- 생각, 세상으로 내려오다

    글쓰기는 감정의 해소나 생각의 기록에만 머물 수 없다. 글쓰기는 끊임없이 현실과 마주하고, 세상에 응답하는 것이다. 글이 단순한 표현이 아니라 문제 해결을 위한 도구가 되는 과정을 다룬다.

    세상에 드러나는 문제는 언제나 복잡하다. 그러나 글을 쓰는 사람은 그 복잡함 속에서 핵심 판단이 숨어 있는 지점을 찾아내야 한다. 칸트는 인식의 모든 흐름이 주체의 틀(범주) 안에서 해석된다고 보았다. 즉, 세상이 있는 그대로 보이는 것이 아니라, 주체의 사유 구조에 따라 문제가 구성된다는 것이다. 이 장에서 칸트적 통찰을 빌려, 현실 속 문제를 글로 해석하고 재구성하는 기술을 배운다.

1. 문제는 주어지지 않는다 — 문제는 구성된다

    세상에는 문제라는 이름으로 고정된 상황은 없다. 우리가 어떤 시선과 개념으로 바라보느냐에 따라 동일한 현실도 전혀 다른 문제로 재해석된다.

예: 글이 안 써진다는 것은 기술 부족인가? 사고의 혼란인가? 존재의 공허인가?

2. 문제의 본질은 판단에 있다

글쓰기를 통해 세상에 대한 나의 판단을 드러내는 것이 글을 쓰는 이유이다. '왜 이 사안이 문제라고 생각하는가?'라는 질문을 던짐으로써 자기 사유의 입장을 세울 수 있다.

3. 철학은 글쓰기의 무기다

철학은 정답을 주지 않는다. 대신 더 나은 질문을 던지는 힘을 준다. 이 장에서 칸트처럼 문제를 구성하고, 글이라는 언어로 응답하는 방법을 제시한다.

"나는 글쓰기에서 불안이, 표현력 부족이 아니라 사유의 정체성 부재에서 온다고 판단한다."

현실 문제를 구성하는 개념과 판단 요소를 분리하고, 나만의 관점과 질문을 통해 다시 쓰는 연습을 한다.

핵심 메시지

"글은 사유의 응답이다. 그리고 철학은 사유로 세상을 다시 쓰게 한다."

글쓰기의 외형을 벗어나 내면으로 깊이 들어가는 장이다. 이제 독자는 단순히 글을 쓰는 사람이 아니라, 문제의 구조를 다시 묻고 재구성하는 철학적 사유자로 성장하게 될 것이다.

1절. 문제 설정

문제를 논하고 다루는 글은 많지만, 문제 자체를 철학적으로 설정한 글은 드물다. 문제란 무엇인가, 우리는 어떻게 문제를 발견하고 설정하는가, 그리고 좋은 글이 되기 위한 '문제의 구조화'는 어떤 방식으로 이루어지는가를 이 절에서 다룬다.

1. 문제는 느끼는 것이 아니라 구성하는 것이다

대부분의 글쓰기에서 문제는 불편함의 감각으로 등장한다.
예를 들어,
'요즘 사람들은 대화를 잘 안 해, 나는 늘 시간이 부족하다고 느껴.'
이 문장은 감정에서 출발하지만, 문제가 되려면 철학적 조건을 갖추어야 한다.

문제가 되기 위한 세 가지 조건
지속성 > 단발성 이슈가 아닌, 반복적·구조적 성격을 가짐
보편성 > 사회문제를 다룰 경우 일정 범위 이상의 사람에게 영향을 줌
인식 가능성 > 언어로 서술할 수 있어야 하며, 설명 가능한 맥락이 있음

2. 바람직한 문제의식은 글의 논리와 방향을 잡아 준다

훌륭한 글은 언제나 '훌륭한 문제의식'에서 출발한다.
"나는 왜 매일 피곤할까?"
에세이로 풀면 삶의 균형, 칼럼으로 쓰면 시스템의 문제, 논문으로 쓰면 시간 자원 분배 문제로 시각이 달라진다. 문제 설정이 달라지면 문장

의 성격, 구조, 독자층도 달라진다.

3. 문제는 경험 → 사유 → 개념화를 거쳐 태어난다

경험 > 일상 속 불편, 의문, 감정 > "회의 중 내 말이 끊겼다."

사유 > 왜 그랬을까? 어떤 감정을 느꼈을까? > "자주 무시당한다고 느껴 회의시간에 조용히 있는 편이다."

개념화 > 구조적으로 언어화함 > "침묵은 권력 구조에서 열등한 위치로 해석된다."

마지막 문장이 바로 글의 문제 제기 문장이 된다.

4. 칸트식 문제 설정 프레임

칸트는 인식을 주관과 객관의 상호작용으로 보았다. 즉, 문제란 단지 바깥인 객관에 있는 것이 아니라, 나의 관점인 주관이 관여하여 비로소 문제로 탄생한다.

질문: "이 문제는 내게 왜 중요한가?"
질문: "이 문제는 타인에게 어떤 영향을 주는가?"
질문: "이 문제는 현실 구조와 어떤 관련이 있는가?"

5. 실전: 나의 문제 구조화 시트

1) 경험 > 요즘 친구와 대화할 때 마음이 불편하다.
2) 사유 > 내 말이 존중받지 못하는 느낌이다.
3) 개념화 > 현대 인간관계에서, 듣는 척하지만 듣지 않는 가짜 경청이 사람을 지치게 한다.

→ 마지막 문장이 글의 문제 제기 문장이 된다.

6. 문제의식이 없는 글은 읽히지 않는다
문제의식이 없는 글은 다음과 같은 특성을 갖는다.
주제가 흩어지고 감정이 과도하거나 사실만 나열된다.
독자의 관심을 불러 일으키지 않는다.
문제는 글의 방향이며, 독자와의 연결 고리다.

정리
문제는 느껴지는 것이 아니라, 구성되는 것이다. '경험→사유→개념화'를 거쳐 철학적 문제를 도출하라.
"질문이 깊을수록, 글은 멀리 간다."

2절. 철학적으로 문제를 재구성하는 법

대부분의 글은 느낌이나 사건에 반응한다. 그러나 철학적 글쓰기는 느낌을 개념으로 바꾸고, 사건을 구조로 전환하며 시작된다. 여기서는 문제를 철학적으로 재구성하는 세 가지 기술을 훈련한다.

1. 철학적 재구성이란 무엇인가?
문제를 철학적 재구성한다는 것은 감정이나 사건의 나열 차원이 아니라 구조/개념/보편성의 언어로 옮겨 쓰는 글쓰기다.
예:
감정형: 사람들이 나를 무시한다고 느낀다.

철학형: 무시당하는 감정은 타인의 시선보다, 내 존재감에 대한 내면의 판단에서 비롯된다.
→ 여기서 중요한 건 사유와 거리 두기 + 느낌의 개념화다.

2. 철학적 문제 재구성의 3단계
① 주관 꺼내기 > 내 입장에서 시작하되 감정 그대로 표현 > "나는 요즘 자주 불안하다."
② 구조 보기 > 그 감정이 반복되는 상황/맥락/관계 파악 > "불안은 SNS를 끝낸 뒤, 비교할 때 심해진다."
③ 개념으로 말하기 > 철학적 용어, 개념어, 구조어로 전환 > "비교는 자기 존재의 기준을 타인에게 넘기는 일이다."

3. 감정이나 사건을 철학적으로 재구성하기
"요즘 너무 지친다." > 지침은 노동의 총량보다 삶에서 의미를 상실했을 때 시작된다.
"관계가 피곤하다." > 현대인의 관계 피로는 역할 과잉과 진심 결핍에서 비롯된다.
"하고 싶은 말이 많은데 못 하겠다." > 표현이 억압되는 것은 타인의 평가가 내 존재를 위협한다는 두려움에서 비롯된다.

4. 철학적 개념어는 현실을 말하는 새로운 언어다
'힘들다' > 존재의 무게, 의미의 결핍, 주체 소멸
'바쁘다' > 시간의 통제 상실, 타인에 의해 조율되는 삶
'피곤하다' > 내면 에너지 고갈, 지속 불가능한 루틴

→ 글을 철학적으로 보이게 만드는 힘은 언어의 질감을 바꾸는 데 있다.

5. 실전 워크시트(감정 > 개념)
감정형 문장 > "요즘 왜 이렇게 허무하지?"
상황/구조 분석 > 반복되는 루틴, 성과 없음, 타인과의 단절
철학적 개념 재구성 > 허무는 외부 성과가 아닌, 내 존재 의미의 단절에서 비롯된다.

6. 철학적 문제화는 현실을 다시 말하는 힘이다
내 글이 깊어지지 않는 이유는 감정에 머무르거나, 사건만 나열하기 때문이다. 철학적 글쓰기는 감정에서 개념으로, 개인의 경험에서 사유의 구조로, 단순함에서 깊은 사유로 이행하는 언어적 인식이다.

정리
철학적으로 문제를 재구성하려면 '① 감정 → ② 구조 분석 → ③ 개념 전환'의 흐름을 거쳐야 한다.
개념어, 구조어, 관념어를 '진짜 현실'을 말하는 다른 언어로 전환해 보라. 사건은 사라지지만, 개념은 남는다. 그러므로 글은 감정보다 구조를 다루어야 한다.

3절. 사회와 세상을 읽는 글쓰기 훈련

매일 수많은 사회 이슈와 세상 문제를 마주하며 단순 비판이나 감상에 머무르지 않고, 철학적 사고를 통해 구조적으로 해석하고 글로 표현하는

법을 익히는 것이 이 절의 목적이다. 칸트의 범주와 논리를 활용해, 세상에 질문을 던지고 구조를 파악하며, 자신의 입장을 글로 세우는 연습을 한다.

1. 왜 세상 읽기는 철학적으로 써야 하는가?

세상에는 정보가 넘친다. 그러나 구조를 읽어 내는 글은 드물다. 감정적 분노에만 머무르고 팩트를 나열만 할 뿐이다. 이와 같은 글에서 벗어나야 할 때다. 구조를 분석하지 않고 자신과의 연결점을 드러내지 못하기 때문이다.

철학적 글쓰기는 단순히 무슨 일이 일어났는가만 논하는 것이 아니다.
→ "왜 이런 일이 반복되는가?"를 묻고,
→ "그 안에서 나는 누구이며, 어떤 위치에 있는가?"에 답해야 한다.

2. 현실문제에 대한 글쓰기의 3요소

1) 구조 파악 > "이 사건은 어떤 반복적인 구조를 반영하는가?" > 인과, 권력, 결핍, 서열, 통제 등
2) 자기 위치화 > "나는 이 구조 속에서 어떤 입장인가?" > 피해자인가, 방관자인가, 공모자인가
3) 개념화된 판단 > "이 사건을 어떻게 말할 것인가?" > 현상 분석 → 개념어 선택 → 판단 정립

3. 실습: 사회 현상을 칸트식으로 읽기

현상: AI가 인간의 글을 대체한다는 두려움
인간의 글은 단지 정보 생산이 아니라, 자아의 표현이다 > 실체와 속성
대체 불가능성은 인간 글쓰기의 내면성에서 비롯된다 > 제한성, 현실성

AI의 부상은 우리가 진짜로 글을 쓰는 이유를 되묻게 한다 > 원인과 결과
글쓰기란, 결국 자기 존재를 설계하는 행위다 > 필연성, 전체성

4. 실전 훈련 1: 세상을 읽는 글쓰기 루틴

오늘의 사회 이슈

→ _____

1) 감지 → "이건 단순 사건인가, 구조의 반복인가?"

→ _____

2) 구조 → "이 문제는 어떤 질서/관계/결핍 구조를 담고 있는가?"

→ _____

3) 자기 위치 → "나는 이 구조 안에서 어떤 역할을 하고 있는가?"

→ _____

4) 개념화 → "이 현상을 한 문장으로 개념화한다면?"

→ _____

5. 실전 훈련 2: 세상-자기-개념을 연결한 한 문단 쓰기

AI 글쓰기는 인간의 창작을 위협하지 않는다. 오히려 인간이 진짜로 무엇을 표현하고 싶은 존재인지 되묻게 한다. 나는 여전히 매일 글을 쓴다. 그 글은 출판되지 않더라도, 내가 누구인지 잊지 않기 위한 존재의 단서가 된다.

→ 이 한 문단에는 구조, 자기 위치, 개념 판단이 모두 포함되어 있다.

6. 사회적 사유를 글로 확장하는 5가지 핵심 질문
이 현상은 어디에서 반복되고 있는가? → 전체성
이 현상은 누군가에게 어떤 결핍을 유발하는가? → 질
이 현상 속에서 나는 어떤 행동을 하고 있는가? → 관계
이 사건은 하나의 징조인가, 필연인가? → 양태
우리는 이 구조를 어떻게 새롭게 언어화할 수 있는가? → 실체와 속성

정리
세상을 읽는 철학적인 글쓰기란, 사건을 구조로, 나를 관계 속의 위치로, 정보를 개념어로 바꾸는 기술이다. 좋은 글은 정보를 해석하고, 더 나아가 구조를 비판하고, 끝내 존재를 자문한다.

"글쓰기는 내가 이 세상을 어떻게 살아갈지에 대한 물음에 응답하는 것이다."

6장 종합 실전 워크북

STEP 1. 문제 구성하기
설명: 일상에서 느끼는 불편이나 의문을 간단히 적어 보라.
예시: 회의 중 내 의견이 자꾸 무시당하는 느낌이다.

STEP 2. 철학적 조건 점검
설명: 이 문제가 글의 주제가 될 수 있는지를 판단해 보라. (지속성/보편성/인식 가능성)
예시: 같은 경험이 반복되고, 직장 내 다양한 구성원이 겪는 문제이며, 구체적으로 언어화할 수 있다.

STEP 3. 문제 구성 3단계
설명: ① 감정형 문장 → ② 상황 구조 분석 → ③ 개념화 문장

예시: ① 나의 말은 자꾸 끊긴다. → ② 내가 말을 시작하면 상사가 끼어든다. → ③ 직장 내 수직적 위계 구조는 자율성을 억압한다.

STEP 4. 세상 읽기 훈련
설명: 최근 뉴스나 사회 현상을 하나 정해 4단계로 분석하라.
감지 → 구조 → 위치 → 개념화
예시 - 이슈: 학교폭력
구조: 권력의 일상화
나: 방관자적 입장
개념화: 침묵은 또 다른 가담이다.

STEP 5. 철학적 판단이 담긴 글을 한 문단 작성해 보기
설명: 자신의 문제 또는 사회 이슈에 대해 개념어를 활용한 짧은 글을 써 보라.
예시: 침묵은 단지 소극적 태도가 아니라, 권력에 대한 내면적 동의일 수 있다. 말하지 않는다는 것은 그 구조에 편입된다는 의미이기 때문이다.

핵심 메시지
1) 문제 구성하기 > 일상에서 느끼는 불편이나 의문을 간단히 적어 보라.

2) 철학적 조건 점검 > 이 문제가 글의 주제가 될 수 있는지를 판단해 보라.
3) 문제 구조화 3단계 > ① 감정 문장 → ② 상황 구조 분석 → ③ 개념화 문장
4) 세상 읽기 훈련 > 최근 뉴스나 사회 현상을 하나 정해 4단계로 분석하라.
5) 철학적 판단을 한 문단으로 작성 > 자신의 문제 또는 사회 이슈에 대해 개념어를 활용한 짧은 글을 써 보라.

제2부

칸트처럼 글쓰기

글이 곧 나의 존재다

생각을 정리했다면, 이제 문장으로 존재를 드러낼 차례다. 『칸트처럼 생각하기, 칸트처럼 글쓰기』의 제2부는 글을 쓰는 행위가 곧 사유이자 존재의 방식임을 보여 준다. 이제부터 글쓰기는 기술이 아니라 태도이고, 양식이 아니라 삶이 된다.

7~9장 글쓰기의 기초편에서는 "우리가 쓰는 한 문장이 진실에 도달할 수 있는가?", "그 문장이 내 존재를 어떻게 드러내는가?"를 묻는다. 더 잘 쓰는 글이 아니라, 더 진심 어린 문장, 더 화려한 수사가 아니라, 더 정확한 판단의 언어를 쓰는 법을 익힌다.

7장은 글이 처음부터 매끄러울 수 없음을 인정하고, 정직한 문장에서 시작하는 진심의 구조를 중심에 두는 훈련을 한다.

8장은 글을 읽는 행위가 곧 글을 쓰는 행위임을 강조하며, 칸트처럼 질문하며 비판적으로 읽는 독해력을 글쓰기 훈련의 일부로 전환시킨다.

9장은 글쓰기로 세상에 긍정적 영향 남기기는 개인의 변화뿐 아니라 세상의 변화를 이끌 수 있음을 보여 준다. 글쓰기의 철학적 실천성이 이 장의 핵심이다.

여기서 우리는 문장이 곧 '내가 누구인지'의 선언이자 '무엇을 판단하고 있는가'의 증거임을 배우게 된다.

10~12장 글쓰기의 구조편에서는 더 이상 글쓰기를 이론이 아닌 삶의 루틴으로 끌고 온다. 글쓰기를 생각의 습관, 삶의 일상화된 리듬으로 구성된 생활의 구조임을 밝힌다.

10장은 철학자의 글쓰기 루틴을 통해, 생각의 예열법과 하루 한 문장의 습관을 만들어 간다. 글쓰기란 순간의 번뜩임이 아니라, 지속가능한 사유의 루틴이라는 것을 보여 준다.

11장은 '쓰고 싶지 않은 날', '무의미하다고 느끼는 순간'에 찾아오는 글쓰기 불안을 철학적으로 감내하는 태도를 제시한다. 완벽하게 쓰는 것이 아니라, 존재하는 것 자체로 충분하다는 통찰이 중심이다.

12장은 글을 고치는 일이 곧 나를 고치는 일임을 보여 준다. 비문을 판단으로 바꾸고, 나쁜 습관을 철학으로 다듬으며, '고쳐 쓰는 글 = 고쳐 쓰는 나'라는 정체성의 윤리를 배운다. 매일 걷는 철학자의 산책처럼 글쓰기를 단절된 '행위'로 보지 않고, 삶의 일부로 받아들이는 글쓰기의 완성 편이다.

핵심 메시지

글은 나의 판단이고, 문장은 나의 존재다. 철학은 글쓰기의 바깥에 따로 존재하는 이론이 아니다. 철학은 내가 매일 쓰는 문장 안에서, '어떻게 사유하고 판단하며 책임지는가'를 결정짓는 윤리적 뼈대다. 문장 하나하나를 통해 당신이라는 존재가 세상에 어떻게 나타나는가를 묻는다.

7장

정직한 문장

글을 쓰는 우리는 종종 잘 써야 한다는 강박에 사로잡힌다. 하지만 정말로 중요한 것은, 잘 쓰는 것이 아니라, 진심이 담겨 있는가이다. 『칸트처럼 생각하기, 칸트처럼 글쓰기』의 7장은 글의 본질이, 필요한 수사나 올바른 문장뿐만 아니라 생각의 정직함과 진심의 구조에 있다는 사실을 깊이 있게 다룬다.

문장은 기술로 꾸밀 수 있다. 그러나 사유의 밀도와 정직함은 꾸며지지 않는다. 문장은 사유의 궤적이며, 궤적에는 그 사람의 성찰의 흔적이 드러난다. 독자는 글이 말하고자 하는 것보다 글이 무엇을 숨기고 있는지를 더 빠르게 알아차린다.

정직한 글쓰기의 3가지 특징

1. 꾸미지 않은 투박한 문장이 독자에게 신뢰를 준다

문장을 외적으로 다듬는 것보다 중요한 건, 내가 왜 이 말을 하려는지 스스로에게 솔직해지는 것이다. 꾸며 낸 수식어보다 생각이 응축된 문장이 더 멀리 간다.

2. 글의 중심을 잡는 '진심의 구조'

글은 생각이 반듯해야 중심이 생긴다. 그 중심은 감정이 아니라 판단이며, 그 판단의 뿌리는 내 삶에서 길어 올린 진심이어야 한다.

3. 글쓰기 셀프 점검

이 장에서 실전적으로 '내 문장이 얼마나 진심에 기반하고 있는가?'를 점검할 수 있도록 핵심 질문 리스트를 제시한다. 지금 이 문장은 내가 책임질 수 있는 판단인가? 이 글은 내 생각을 솔직하게 말하고 있는가, 감추고 있는 것은 없는가? 독자에게 신뢰를 줄 수 있는 구조인가?

핵심 메시지

진심 없는 문장은 결국 누구에게도 가닿지 않는다. 문장은 기술이 아니라 태도이며, 문장 하나가 곧 나의 존재 증명이다.

이 장은 화려한 말보다 깊이 있는 생각을, 완벽한 글보다 정직한 문장을 쓰고자 하는 모든 사람에게 글쓰기의 본질을 되짚어 주는 철학적 나침반이다. 이제 글쓰기란, 표현의 방식이 아니라 존재의 방식이 된다.

1절. 투박한 문장이 독자에게 신뢰를 준다

왜 꾸며 낸 문장은 독자의 마음에 가닿지 않는가? 글을 쓸 때 무엇을 감추고, 무엇을 드러낼 것인가? 그리고 진실한 문장은 어떻게 만들어지는가?

1. 글은 꾸밀 수 있다, 그러나 '감추어진 진실'은 드러난다

요즘 우리는 화려한 미사여구로 시작된 글을 많이 만난다. 첫 문장은 인용문으로 가득하고, 중간에는 익숙한 레퍼런스가 있고, 끝에서는 그럴 수도 있다는 다정한 여운을 남긴다. 이런 글이 완성도가 높아 보일 수도 있다. 하지만 독자는 묻는다.

"그래서 너는 어디에 있었는가?"

"이 글에 너는 정말 존재했는가?"

꾸미지 않은 문장이 가진 힘은 진실한 시선에 있다. 말을 멋지게 하지 않고, 있는 그대로 보려는 문장은 독자의 마음속으로 곧장 진입한다.

2. 칸트에게 배우는 '문장의 진심'

칸트는 글을 잘 쓰는 철학자는 아니었다. 문장은 복잡했고, 쉽게 다가설 수 없었다. 칸트의 글이 오늘날까지 읽히는 이유는 그의 문장이 있는 그대로 노출되었기 때문이다. 칸트는 보이기 위한 문장이 아니라 생각의 정확성을 위해 견뎠다.

"나는 타인의 시선을 위해 쓰지 않는다. 오직 내 사유를 정직하게 펼치기 위해 쓴다."

『순수이성비판』의 문장들은 철저히 진실하다.

3. 독자는 진심을 '느낀다'

심리학적으로, 인간은 말보다 태도에 반응하고, 표현보다 의도에 민감하다. 글에서도 마찬가지다. 표현이 수려한 글보다 진정성 있는 글이 더 오래 남는다. 독자는 본능적으로 느낀다. 이 문장은, 문장을 위한 문장인지, 삶에서 우러난 표현인지를 직감적으로 느낀다.

4. 진심의 구조란 무엇인가?
진심은 다음의 구조를 가진다.
사유 → 경험 → 고백 → 판단

문장의 예
사유 > 나는 왜 이런 생각을 하게 되었나 > "언젠가부터 나는 침묵을 많이 한다."
경험 > 그 생각은 어떤 경험에서 나왔나 > "회의 때 내 말이 늘 끊겼기 때문이다."
고백 > 그 경험은 나에게 어떤 느낌이었나 > "나는 점점 나의 존재가 사라지고 있다고 느꼈다."
판단 > 이제 나는 어떻게 생각하는가 > "말하지 않는다는 건, 존재를 지우는 일과 같다."
진심 있는 문장은 감정에서 끝나지 않고, 기어이 판단까지 나아간다.

5. 진실한 문장을 쓰기 위한 질문 3가지
이 문장은 나의 실제 경험과 연결되어 있는가?
(개념만 나열된 글은 독자에게 무의미하다.)
나는 이 문장을 쓰며, 나 자신에게 솔직했는가?
(남을 설득하기 이전에, 나에게 숨기고 있는 말은 없는가?)
이 문장은 판단을 유예하거나 회피하지 않았는가?

("~일지도 모른다."로 끝나는 글이 반복되면, 독자는 피로감을 느낀다.)

정리
문장의 꾸밈은 스타일이고, 진심은 구조다. 화려한 글보다, 서툴러도 진정성 있는 문장이 독자의 마음속에 오래 남는다.

2절. 글의 중심을 잡는 '진심의 구조'

왜 어떤 글은 독자에게 중심 없이 흩어져 보이는가? 진심으로 쓴 글은 어떤 구조를 갖추는가? 그리고 글의 중심을 세우기 위해 필요한 사유 구조는 무엇인가?

1. 진심이 흐르면서, 중심은 세워야 한다
진심은 솔직함에서 나오지만, 글의 중심은 그 솔직함을 구조화할 때 생긴다. 말하자면 진심이 물이라면, 중심은 그 물이 흘러가는 도랑이다.
감정이 아닌 사유, 나열이 아닌 논리, 반응이 아닌 판단이 있어야 글은 중심을 잡는다.

2. 진심 있는 글이 흔히 빠지는 3가지 함정
감정의 나열 > 하고 싶은 말만 풀어냄 > 구조 없음, 감정 피로 유발
비유의 과잉 > 이미지에 기댐 > 중심 개념이 흐려짐
판단 회피 > 결론 없이 맴돎 > 독자가 도달할 중심을 잃음
글이 흔들리는 건 진심이 부족해서가 아니라, 진심을 중심으로 세우지 않았기 때문이다.

3. 진심의 구조는 칸트식 인식 흐름을 따른다

감성 → 직관 → 개념 → 판단 → 문장

경험 → 시선 → 개념 → 중심 문장 → 글 전체

생각의 흐름이 글의 뼈대가 된다. 이 구조는 진심이 흘러 중심을 세우고, 그 중심이 글의 구조를 만든다는 것을 의미한다.

4. 중심이 있는 글은 하나의 판단을 담는다

독자가 글을 다 읽은 후 떠올려야 할 한 문장: 이 사람은 결국 이런 말을 하고 싶었구나.

→ 이것이 중심을 판단하는 문장이다.

→ 독자에게 의미의 나침반을 제공한다.

5. 진심의 구조를 갖춘 중심 판단 문장 예시

인간관계 > 진짜 대화는 오해를 피하는 게 아니라, 오해를 견디는 데서 시작된다.

글쓰기 > 글을 잘 쓰고 싶다면, 먼저 진심을 정확히 붙잡아야 한다.

존재감 > 존재는 드러내는 것이 아니라, 끝까지 남는 방식으로 증명된다.

피로 > 어휘나 개념이 많아서가 아니라, 의미가 사라졌을 때 시작된다.

→ 이처럼 중심 문장은 글 전체를 견디는 철학적 기둥이 된다.

6. 중심 없는 글을 중심 있게 만드는 법

① 감정 확인 > 내가 지금 이 글에서 제일 말하고 싶은 감정은? > 외

로움, 분노, 애틋함 등
② 판단 도출 〉 그 감정으로부터 내가 내린 한 문장의 판단은? 〉 외로움은 내 탓이 아니라, 연결을 거절당한 기억 때문이다.
③ 중심 정리 〉 이 판단을 통해 말하고 싶은 핵심은? 〉 외로움은, 연결된다는 희망에서 출발해야 끝맺음으로 나아갈 수 있다.

진심 중심 글쓰기 실습 워크시트
오늘의 글쓰기 주제
→_____

1. 지금 내 감정
→_____

2. 그 감정의 배경
→_____

3. 그 경험을 통해 얻은 판단
→_____

4. 중심 문장 (한 문장으로 정리)
→_____

정리
감정은 글을 쓰게 하지만, 중심은 글을 견디게 한다. 독자는 화려한 표현이 아니라 글쓴이의 철학이 담긴 문장 한 줄을 기억한다.
 진심이 흘러야 하고, 중심은 세워져야 한다. 그때 비로소 문장은 누군가의 삶을 붙든다.

3절. 거짓 없는 글쓰기를 위한 셀프 점검 리스트

우리는 글을 쓸 때 '의도치 않게' 거짓말을 하곤 한다. 말하지 않음으로, 돌려 말함으로, 또는 '그럴싸하게' 포장함으로. 그렇다면 거짓 없는 글쓰기란 무엇인가? 진심과 사유를 유지하기 위해 어떤 기준으로 글을 점검해야 하는가?

1. 거짓 없는 글은 단지 사실을 말하는 글이 아니다
 사실을 적는다고 해서 반드시 진실한 글이 되는 것은 아니다. 거짓 없는 글은 다음 세 가지가 조화를 이루어야 한다.

 사실성: 실제 경험과 감정에서 출발했는가
 정직성: 감정을 숨기거나 과장하지 않았는가
 판단성: 판단을 회피하지 않고 자기 입장을 드러냈는가
 "진실은 사실보다 깊고, 위선은 침묵 속에도 숨어 있다."

2. 글에 드러나는 5가지 거짓의 유형
 ① 감정의 과장 → 실제보다 더 센 표현 > "죽을 것 같았다", "세상이 무너졌다"
 ② 진심의 회피 > 중요한 감정은 빼고 안전한 말만 선택 > "그냥 좀

기분이 그랬다"
③ 비유의 과잉 > 핵심을 흐리는 장식적 표현 > "내 마음은 파도 위의 조각배 같았다"
④ 판단 미루기 > 결론 없이 끝내는 문장 > "뭐, 다 그렇게 사는 거지"
⑤ 타자화 > '나'가 빠진 채 일반화 > "사람들은 다 외롭다"

3. 글을 쓰며 묻는 7가지 자문

① 나는 이 글을 왜 쓰고 있는가?
  → 목적 없는 글에는 진심이 스며들기 어렵다.
② 내가 이 글에서 가장 숨기고 있는 말은 무엇인가?
  → 회피하는 문장이 가장 중요한 문장일 수 있다.
③ 이 문장은 나의 실제 경험과 연결되어 있는가?
  → 공감은 구체성에서 온다. 구체성은 경험에서 온다.
④ 감정의 세기가 적절한가?
  → 감정이 강할수록, 문장은 더 절제되어야 한다.
⑤ 나는 충분히 사유했는가?
  → 감정만 쓰고 판단을 생략하면 글은 흐려진다.
⑥ 판단을 피하지 않았는가?
  → 논리를 중요시하는 철학적인 글은 문학과 다르다.
⑦ 이 글은 결국 하나의 문장으로 무엇을 말하고자 하는가?
  → 중심 문장이 없는 글은 중심이 없는 사람처럼 읽힌다.

4. 거짓 없는 글쓰기를 위한 실천적 체크리스트

☐ 내 글에는 나의 말이 들어 있는가?

☐ 이 문장은 내가 실제로 했던 경험에서 나왔는가?
☐ 핵심 감정을 피하지 않고 적었는가?
☐ 판단을 끝까지 밀어붙였는가?
☐ 과장되거나 회피적인 문장은 없는가?
☐ 문장의 '톤'이 내가 말하는 방식과 일치하는가?
☐ 독자가 아닌, 나를 먼저 설득했는가?
→ 하나라도 "아니오"가 있다면, 그 부분부터 다시 써 보라.

5. 칸트가 말하는 거짓없는 글쓰기의 첫걸음

"진실은 단지 말이 아니라, 말하고자 하는 의지다." — 칸트

글에서의 거짓은 단순히 '사실이 아님'이 아니라, 자기 검열과 감정의 회피, 판단의 유예를 통해 스스로를 속이는 행위다. 칸트는 거짓을 윤리의 실패로 보았고, 글쓰기를 사유의 실천으로 보았다.

정리

거짓 없는 글쓰기는 사유를 끝까지 밀고 나가며, 판단하는 것을 두려워하지 말아야 한다.

"진심이 있는 글은 완벽할 필요 없다. 다만 끝까지 솔직해야 한다."

7장 종합 실전 워크북

STEP 1. 꾸미지 않은 문장 써 보기
설명: 최근 있었던 경험 중 하나를 떠올리고, 그 상황을 있는 그대로 묘사해 보라.

예시: 회의 중에 아무도 내 말을 듣지 않았다. 나도 모르게 조용히 입을 다물었다.

STEP 2. 중심 판단 문장 만들기
설명: 1절과 2절에서 강조한 '진심의 중심'을 담아 한 문장으로 판단해 보라.

예시: 말하지 않는다는 건, 존재를 지우는 일이다.

STEP 3. 감정 → 경험 → 판단 구조화
설명: 감정에서 시작해 판단으로 나아가는 흐름을 3단계로 나누어 적

어 보라.

예시: ① 외롭다. → ② 함께 있어도 대화가 없다. → ③ 관계는 단지 존재하는 게 아니라, 작동해야 한다.

STEP 4. 거짓 없는 글쓰기 체크리스트

설명: 체크리스트를 따라 자가 점검을 해 보라. 아니오가 있다면 수정해 보라.

예시:

☐ 이 글에는 내가 실제로 한 경험이 드러나는가?

☐ 감정의 세기가 적절한가?

STEP 5. 전체 정리 문단 써 보기

설명: 1~4단계까지의 내용을 바탕으로 진심이 담긴 5~7문장 분량의 단락을 써 보라.

예시: 나는 점점 말을 줄여 왔다. 회의에서 말할 때마다 끊기는 느낌 때문이다. 어느 순간부터 내 목소리 내기를 포기하기 시작했다. 이제야 알았다. 내가 조용히 있는 건 편안함이 아니라 체념이었다. 그리고 체념은 내 존재를 조용히 지우고 있었다.

핵심 메시지

1. 꾸미지 않은 문장 써 보기 > 최근 있었던 경험 중 하나를 떠올리고,

그 상황을 있는 그대로 묘사해 보라.
2. 중심 판단 문장 만들기 > 1절과 2절에서 강조한 '진심의 중심'을 담아 한 문장으로 판단해 보라.
3. 감정 > 경험 > 판단 구조화 > 감정에서 시작해 판단으로 나아가는 흐름을 3단계로 나누어 적어 보라.
4. 거짓 없는 글쓰기 체크리스트 > 3절에서 제시한 항목을 따라 자가 점검을 해 보라. 아니오가 있다면 수정해 보라.
5. 전체 정리 문단 써 보기 > 1~4단계까지의 내용을 바탕으로 진심이 담긴 5~7문장 분량의 단락을 써 보라.

8장

철학적 독해와 비판적 사고

글을 잘 쓰기 위해서는 글을 잘 읽을 수 있어야 한다. 눈으로만 따라가는 읽기가 아니라, 철학자의 눈으로 읽고, 비판적으로 구조를 파악하는 독해가 필요하다.

『칸트처럼 생각하기, 칸트처럼 글쓰기』의 8장은 글을 읽는 방식이 곧 글을 쓰는 방식이 되며, 좋은 문장 뒤에 숨은 판단의 구조를 해석하는 능력이 결국 자신의 글쓰기를 더 정교하게 만든다는 것을 보여 준다.

읽는 자가 쓰는 자를 만든다.
대부분의 사람들은 글을 읽을 때 '정보'를 찾는다. 그러나 철학적 독해란, 그 글이 무엇을 의미하고 있고, 어떤 전제를 깔고 있으며, 무엇을 생략하고 있는지를 읽는 것이다.
칸트는 지식은 직관과 이성의 종합이며, 판단은 주어진 데이터를 해석하는 주체의 구조라고 말했다. 이 장은 판단하는 독해자로서의 관점을 훈련시키며, 글의 겉모습이 아닌 논리적·윤리적 뼈대를 보는 눈을 기른다.

1. 글을 읽는 법은 곧 글을 쓰는 법이다

좋은 독자는 문장의 흐름뿐 아니라 그 문장이 어떤 입장과 관점을 전제하는지를 감지한다. 이러한 읽기는 글쓰기에서 구조적 균형, 논리적 연결, 윤리적 정직성으로 이어진다.

2. 칸트처럼 독해하고, 스스로 질문하라

"왜 이렇게 썼을까?", "이 말은 어떤 판단을 기반으로 했는가?"
스스로 질문하는 독해는 곧 자기 글쓰기에 질문을 던지는 힘이 된다. 이 장은 철학적 질문을 던지는 실습형 독해 방식을 소개한다.

3. 나쁜 글을 감별하는 비판적 사고 훈련

좋은 글은 읽기 쉬운 글이 아니라, 정확한 사유와 정직한 판단이 담긴 글이다. 이 장에서는 논리가 빠진 글, 주장을 가장한 감정적 호소, 책임지지 않는 표현의 특징을 구체적으로 분석한다.

핵심 메시지

글은 읽는 방식만큼만 쓸 수 있다. 깊게 읽는 자만이 깊이 있게 쓸 수 있다. 이 장은 글을 읽는 눈이 깊어질수록 자신의 문장이 더 철학적이고, 더 윤리적이며, 더 명료해진다는 진실을 보여 준다.

1절. 글을 읽는 법이 글을 쓰는 법이다

왜 어떤 사람은 많이 읽어도 글을 잘 쓰지 못할까? 독해력과 글쓰기 실력은 어떤 구조로 연결되는가? 칸트식 비판적 독해를 통해 글쓰기 능력을 확장하는 법을 배우는 것이 이 절의 목표이다.

1. 독해력의 바탕 없는 글쓰기는 위험하다
"많이 읽었는데 글이 안 써져요."

이 말은 읽은 글을 사유하지 않았거나, 구조를 보지 못했기 때문이다. 글을 잘 쓰고 싶다면, 먼저 글을 잘 읽어야 한다. 그냥 눈으로 따라가는 읽기가 아니라, 구조를 꿰뚫고, 판단의 흐름을 따라가며 읽는 철학적 독해여야 한다.

2. 글은 네 겹으로 구성되어 있다
표현 > 겉으로 드러난 문장, 어휘, 문체 > 이 글의 문장은 어떤 어조인가?

논리 > 문장들 사이의 연결과 흐름 > 이 글은 어떤 순서로 생각을 전개하는가?

판단 > 글쓴이의 중심 주장 또는 관점 > 이 글은 결국 무엇을 말하고자 하는가?

의도 > 글을 쓰게 만든 동기 또는 메시지 > 왜 이 글을 지금 쓰는가?

→ 이 네 층을 읽을 줄 아는 사람이, 자기 글도 '다층적 구조'로 구성할 수 있다.

3. 독해와 글쓰기 사이의 철학적 연결
칸트는 인식이란 '대상을 구성하는 주체의 능동적 작용'이라고 보았다. 글을 읽는다는 것은 단순한 수용이 아니라, 의미를 재구성하는 능동적 사유이다.

읽는다는 것은 쓰는 것이다. 왜냐하면 모든 독해는, 내 안에서 다시 구조화되는 창조 행위이기 때문이다.

4. 훈련: 글을 칸트식으로 해부하기

칸트는 말한다. "요즘 사람들은 말은 많지만, 정작 들으려 하지 않는다. 그래서 나는 말이 적은 사람을 신뢰한다. 말보다 중요한 건, 듣고도 즉각 반응하지 않고 말을 아낄 줄 아는 용기다."

칸트식 4단계 독해:

표현 〉 짧은 문장, 대조적 어휘(말/침묵, 소통/듣기) 사용
논리 〉 일반 현상 제시 → 가치 판단 → 개인 관점 → 결론
판단 〉 진짜 소통은 말이 아니라 듣는 용기다.
의도 〉 소통 문화에 대한 비판 + 절제의 윤리 제안

5. 글 읽기의 철학적 질문

이 글은 무엇에 반대하고 있는가?
글쓴이는 어떤 판단을 옹호하고 있는가?
이 글은 어떤 세계관에서 비롯된 주장인가?
글쓴이는 독자에게 어떤 '감정적 동조'를 유도하고 있는가?
무엇을 말하지 않음으로써 이 글은 말하고 있는가?
→ 이 질문들을 떠올리며 읽는 순간, 당신은 이미 글을 쓰는 독자가 된다.

6. 실전 워크시트: 철학적 독해 훈련

글 제목

→ _____

질문 → 답변 작성

1. 이 글의 핵심 판단은 무엇인가?

→ _____

2. 판단에 이르게 한 논리 전개는?

→ _____

3. 어떤 어조/표현을 사용하고 있는가?

→ _____

4. 이 글의 진짜 목적은 무엇이라고 생각하는가?

→ _____

정리

철학적 글쓰기는 철학적 독해에서 시작된다. 독해는 수용이 아니라 구조의 재구성과 판단의 분해다. 글을 잘 쓰고 싶다면, 먼저 글의 안쪽을 꿰뚫어 보라. 읽는다는 것은 쓰는 것이다. 철학적으로 읽는다는 것은, 구조를 판단하고 판단을 다시 쓰는 일이다.

2절. 칸트처럼 독해하고 질문하라

글을 읽으며 질문하지 않는 사람은 그 글을 받아들이기만 할 뿐이며, 글을 읽으며 질문하는 사람은 그 글을 다시 구성하고 있다고 말할 수 있다. 칸트식 독해란 구조를 해석하고, 질문을 생성하고, 판단을 반복하는 독립적인 사고 훈련이다.

1. 칸트는 읽기보다 읽는 나를 중시했다

칸트는 지식이란 외부에서 주어지는 것이 아니라 내가 능동적으로 구성해 내는 것이라고 말했다.

"개념 없는 직관은 맹목이고, 직관 없는 개념은 공허하다."

글을 읽을 때도 마찬가지다. 그저 감각적으로 '받아들이기'만 하면 그 독해는 맹목적이라고 할 수 있다. 그 글이 말하는 개념을 내가 스스로 질문하며 구성할 때, 비로소 독해는 사유로 전환된다.

2. 좋은 글을 읽을수록 더 많은 질문이 생긴다

질문 없는 독해는 정보 수집이고, 질문이 생기는 독해는 사유다. 좋은 글을 읽고 "맞아, 나도 그렇게 생각했어."라며 끝낼 것이 아니라 "정말 그런가?", "왜 그런 판단을 했을까?", "다르게 말할 수는 없었을까?"라고 스스로 질문을 던지는 순간, 그 글은 내 안에서 다시 살아난다.

3. 칸트식 독해의 질문 모델: 세 층의 질문

사실 확인 > "정말 그런 일이 있었나?", "무슨 말인가?" > "퇴근 후 글쓰기가 삶을 바꾼다고?"

개념 파악 > "이건 어떤 개념이고 판단인가?", "이 말은 어떤 전제를 갖고 있나?" > "자기표현이 회복이다"라는 말은 어떤 관점인가?"

구조 의심 > "이 글의 중심 구조는 타당한가?", "빠진 것은 없는가?" > "왜 반대 입장은 생략되었지?", "누구를 위한 글인가?"

질문은 독해를 철학으로 바꾸는 사다리다.

4. 질문은 사고의 윤리다

질문을 던지는 행위는 글을 공격하기 위한 것이 아니라, 글의 논리를 함께 완성해 가는 윤리적 행위다. 질문은 단순한 지적 활동이 아니다. 나는 이 글을 무시하지 않고 끝까지 읽고, 너와 대화하고 싶다는 철학적 존중의 표현이다.

5. 실전 훈련: 질문하는 독해 연습

요즘 자기 계발 글들이 많다. 사람들에게 더 열심히 살라고 채근하지만, 그 과정에서 잃어버리는 것은 멈춤과 쉼이라는 감각이다. 나는 쉼을 말하는 글이 더 필요하다고 믿는다.

칸트식 질문 훈련: "정말 그런가?"
- → 자기 계발 글이 쉼을 지우고 있다는 근거는 무엇인가?, 그 말의 전제는 무엇인가?
- → 쉼이 필요하다는 말은 어떤 인간관을 전제하고 있나?, 이 글은 누구를 위해 쓰였는가?
- → 바쁜 사람들? 지친 사람들? 자기 계발에 회의적인 독자?, 빠진 것은 무엇인가?
- → 쉼을 원하는 사람들의 책임도 언급되었는가?

6. 스스로 질문하는 습관은 글쓰기의 연료다

글은 질문에서 시작되고, 질문으로 완성된다. 읽으면서 생긴 질문은 곧 글의 주제가 되고, 그 질문에 답하는 과정은 글의 전개가 되며, 끝내 도달한 판단은 글의 결론이 된다. 철학적 독해는 질문을 뽑아 내고, 철학적 글쓰기는 그 질문에 응답하는 구조다.

정리

칸트처럼 읽는다는 건 의심하고, 질문하고, 재구성하는 일이다.

독해가 끝났을 때 떠오르는 질문이 없다면, 당신은 아직 제대로 읽은 게 아니다. 질문은 사유의 시작이고, 글은 질문에 대한 책임 있는 응답이다.

3절. 나쁜 글을 감별하는 비판적 사고 훈련

읽는다는 것은 동의하는 것이 아니라 판단하는 일이다. 그렇다면 우리는 어떤 기준으로 글을 비판적으로 읽고, 나쁜 글과 좋은 글을 구분할 수 있을까?

1. 왜 비판적 사고는 글쓰기의 무기가 되는가

비판은 공격이 아니라 구조의 점검이다. 비판적 사고는 다음을 훈련한다: 글이 어떤 전제를 가지고 있는가? 그 판단은 논리적으로 타당한가? 글쓴이는 빠뜨린 게 없는가? 이 글은 독자를 설득하는가, 조종하는가? 판단 없는 독해는 수용이고, 판단하는 독해는 창조다.

2. 나쁜 글의 5가지 징후

① 감정의 도배 > 이성 없이 분노, 감동만 자극 > "그는 울었고, 나도 울었다."

② 논리의 비약 > 인과관계 없음에도 결론 내림 > "글을 쓰면 성공한다."

③ 전제의 독단 > 이견을 허용하지 않음 > "당연히 모두 그렇게 생각한다."
④ 대상의 비하 > 구조가 아닌 개인을 공격 > "그런 사람은 글 쓸 자격도 없다."
⑤ 독자의 조종 > 선택 아닌 감정 유도 > "이걸 모르고 살면 바보다."

3. 칸트는 어떻게 글을 감별했을까?

칸트의 비판 철학은 항상 묻는다.

"이 판단은 어디서 왔는가?", "무엇을 전제하고 있는가?", "그 판단은 누구에게 유효한가?", "보편화 가능한가?"

이 철학적 질문은 어떤 글도 감정이나 권위에 굴복하지 않고 판단하게 만든다.

4. 실전: 나쁜 글을 철학적으로 감별하는 훈련

문제적 문장 예시

"성공하고 싶다면 매일 아침 5시에 일어나라. 이건 성공한 사람들의 공통된 습관이다."

비판적 독해 질문

1) 인과관계가 성립하는가? > 일찍 일어남 > 성공은 통계가 아닌 사례다.
2) 대안이나 예외는 제시됐는가? > 밤에 일하는 예술가, 창작자는 배제된다.

3) 보편화 가능한가? 〉 특정 집단만의 관습을 일반화함.
4) 독자의 감정을 조종하나? 〉 죄책감을 유발하고 행동을 압박함.
이 글은 동기부여 글로 보이지만, 결국 독립적 사고보다는 습관의 절대화를 강요하는 글이다.

5. 나쁜 글 감별을 위한 비판 체크리스트
☐ 논리적 비약은 없는가?
☐ 감정에 기대어 판단을 흐리고 있지는 않은가?
☐ 다른 관점을 허용하고 있는가?
☐ 주장과 근거가 구별되어 있는가?
☐ 전제가 명확히 드러나 있는가?
☐ 특정 집단을 낙인찍고 있지는 않은가?
☐ 독자를 설득하려 하나, 조종하려 하나?

6. 철학적으로 읽는다는 것은 판단 윤리를 갖는 것이다
나는 이 글을 판단할 책임이 있다. 나는 이 판단이 나의 세계관에 어떤 영향을 주는지 인식해야 한다. 나는 이 글을 감동이 아니라 구조로, 말투가 아니라 논리로 읽는다. 글을 판단하는 능력은 글을 쓰는 윤리로 되돌아온다.

정리
글을 판단하는 법을 배우면, 글을 쓸 때 내가 어떤 글을 쓰면 안 되는지도 알게 된다. 좋은 글은 감동시키기보다 판단하게 만든다. 판단을 요구하지 않는 글은, 결국 생각을 멈추게 한다.

8장 종합 실전 워크북

STEP 1. 읽은 글의 4층 구조 분석

표현-논리-판단-의도 4단계로 최근 읽은 글을 분석해 보라.

예시:

표현: 감정적, 논리: 단선적, 판단: 쉼의 필요성, 의도: 자기 계발 문화
 에 대한 저항

STEP 2. 칸트식 질문 3종 써 보기

읽은 글에 대해 철학적 질문을 던져 보라.

예시:

1) 이 글의 중심 판단은 타당한가?

2) 어떤 전제를 깔고 있는가?

3) 빠뜨린 시선은 없는가?

STEP 3. 나쁜 글 감별 훈련

한 문단의 글을 논리 비약, 감정 조작, 독단성 여부 면에서 체크해 보라.

예시:

문장: 모두가 새벽 5시에 일어난다 → 감정 압박/근거 없음/대안 없음

STEP 4. 비판적 사고 체크리스트

설명 글을 읽을 때 다음 항목을 기준으로 판단하라.

예시:

☐ 논리적 비약이 있는가?

☐ 감정에 의존하는가?

☐ 독자 판단을 유도하는가?"

STEP 5. 철학적 독해 → 글쓰기 전환

질문을 통해 얻은 판단을 한 문단 글로 정리해 보라.

예시1

쉼을 게으름이라 말하는 글들이 있다. 그러나 쉼이란 자신을 회복하게 하는 방식이다. 나는 더 자주 멈출 것이다

1) 읽은 글의 4층 구조 분석 → 표현-논리-판단-의도 4단계로 최근 읽은 글을 분석해 보라.
2) 칸트식 질문 3종 써 보기 → 읽은 글에 대해 철학적 질문을 던져 보라.

3) 나쁜 글 감별 훈련 → 한 문단의 글을 고르고, 논리 비약, 감정 조작, 독단성 여부를 체크해 보라.
4) 비판적 사고 체크리스트 → 글을 읽을 때 다음 항목을 기준으로 판단하라.
5) 철학적 독해 → 글쓰기 전환 → 질문을 통해 얻은 판단을 한 문단 글로 정리해 보라.

예시2
표현: 감정적, 논리: 단선적, 판단: 쉼의 필요성, 의도: 자기 계발 문화에 대한 저항

1. 이 글의 중심 판단은 타당한가
2. 문장: '모두가 새벽 5시에 일어난다' → 감정 압박/근거 없음/대안 없음
3. ☐ 논리적 비약이 있는가? ☐ 감정에 의존하는가? ☐ 독자 판단을 유도하는가?
4. 쉼을 게으름이라 말하는 글들이 많다. 그러나 쉼이란 자신을 회복시키는 존재의 윤리다.

9장

글쓰기로 세상에 긍정적 영향 남기기

글은 단지 생각을 나열하는 도구가 아니다. 글을 쓰는 순간, 우리는 판단하고 선택하며 입장을 드러낸다. 그 판단은 문장을 넘어 세상에 작용하는 태도가 된다.

『칸트처럼 생각하기, 칸트처럼 글쓰기』의 9장은 글쓰기를 철학적 실천으로 끌어올린다. 문장은 머릿속 사유의 흔적이지만, 그 문장이 발화되는 순간부터 세상에 의미를 남기는 행위가 된다.

내가 쓴 문장이 나를 만든다

우리는 글을 쓰기 위하여 문장을 고르며, 동시에 내 생각의 윤곽을 세운다. '무엇을 말할 것인가'는 결국 '나는 어떤 존재인가'와 직결된다. 이 장은 글쓰기란 자기 자신을 드러내는 작업을 넘어, 자기 자신을 형성하는 작업임을 강조한다. 내가 쓴 문장이 나를 만든다. 이 문장은 단순한 비유가 아니라 실존적 자기 규정의 서술이다.

책임지는 글쓰기란 무엇인가?

글에는 힘이 있다. 말은 흘러도, 글은 남는다. 따라서 글을 쓰는 사람은 그 문장이 세상에 끼칠 영향까지 고려해야 한다.

책임지는 글쓰기란? 단지 착한 말을 쓰는 것이 아니라, 적확한 판단으로 입장을 의식하며, 진실을 요구하는 태도다.

"이 문장은 누구를 위한 것인가?"
"이 문장은 어떤 판단을 전제하는가?"
"이 글은 어떤 결과를 만들어 낼 수 있는가?"

이 세 가지 질문은 철학적 글쓰기를 가능하게 하는 윤리의 핵심이다.

철학적 글쓰기로 세상에 긍정적 영향 남기기

글쓰기란, 사유로 세상을 구성하는 방식이다. 작은 칼럼 하나가, 한 줄의 문장이, 누군가의 사고방식을 바꾸고, 공동체의 담론을 이끄는 계기가 될 수 있다. 그러므로 글쓰기는 하찮은 작업이 아니라, 현실에 개입하는 철학적 실천이다.

이 장은 독자에게 묻는다. 당신은 어떤 문장으로 세상을 구성하고 있는가? 그리고 그 문장은 정말 당신의 존재 방식을 반영하고 있는가?

핵심 메시지

글은 세상을 해석하는 도구이자, 책임지는 선언이다.
글쓰기는 생각의 표현이 아니라, 존재의 실천으로 전환하는 결정적 순간을 제공한다. 이제 우리는 단순히 글을 쓰는 사람이 아니라, 글로써 사유하고, 글로써 세상을 재구성하는 사람이 된다.

1절. 내가 쓴 문장이 나를 만든다

글을 쓴다는 건 자기표현인가? 자기확인인가? 자기창조인가? 매일의 글쓰기가 사소한 기록이 아니라, 삶을 정리하고 존재를 구축하는 실천이 되려면 어떤 조건이 필요한가?

1. 글은 흔적이 아니라 구조다

"그냥 써 봤어요."

많은 사람이 글을 쓰며 이렇게 말한다. 그러나 그냥 쓴 글은 없다. 그 사람이 어떤 말을 선택했는지, 어떤 문장을 반복했는지, 어디에서 멈췄는지는 모두 그 사람의 사고 구조를 드러내는 것이다. 당신이 쓴 문장은 곧 당신이 세상을 이해하는 방식의 결정체다.

2. 사유는 문장으로 증명된다

나는 이런 생각을 하고 있다고 느낀다. 그러나 막상 문장으로 적으려 하면 손이 멈춘다. 왜? 감정은 있었지만 개념화하지 않았기 때문이다. 느낌은 있었지만 구조로 전환하지 않았기 때문이다. 그래서 글쓰기는 자기 검증이다. 정말 이 생각이 나의 것인가를 묻는다.

3. 반복된 문장이 삶의 방향을 만든다

글을 보면 그 사람의 사유 방식이 보인다. "나는 못한다"라며 쓰는 사람은 스스로 능력을 부정하는 언어 구조를 내면화한다. "나는 견뎌야 한다"라고 쓰는 사람은 스스로 고통을 감내하는 존재로 정체가 서서히 진행된다. 문장은 단지 전달하는 것이 아니라, 존재를 각인시키는 도구다.

4. 나는 어떤 문장을 반복하며 살아가고 있는가?

자기 글쓰기를 되돌아볼 수 있는 질문:
"내가 자주 쓰는 단어는 무엇인가?"
"내가 글에서 반복하는 문장의 톤은 어떤가?"
"나의 문장은 감정형인가, 판단형인가?"
"나는 글로 무엇을 옹호하고, 무엇을 회피하고 있는가?"

이 질문들에 답하다 보면, "나는 어떤 문장으로 살아가는 사람인가?"에 도달하게 된다.

5. 칸트는 글로 자기를 구성한 철학자다

칸트의 문장은 결코 가볍지 않았다. 그는 단 하나의 개념, 단 하나의 판단을 정확히 쓰기 위해 수없이 문장을 다듬었다.

"사유는 흘러가지만, 문장은 그것을 구조화한다."

칸트는 '나는 무엇을 아는가', '나는 무엇을 해야 하는가'를 글로 써 냄으로써 존재를 구성했다. 칸트는 철학자임과 동시에 문장을 만든 작가였다.

실습 워크시트: 나를 구성하는 문장 찾기

1. 최근 내가 쓴 문장 중 가장 나다운 문장은? > "나는 너무 많은 걸 참는 사람이다."

2. 그 문장은 나에게 어떤 구조를 만들고 있나? > 견디는 존재 > 자기 검열 강화 > 소극성
3. 바꾸고 싶은 문장은 무엇인가? > "나는 견딘다." > "나는 표현하며 살아간다."
4. 앞으로 반복하고 싶은 문장은? > "나는 말할 수 있고, 써 내려갈 수 있다."

정리

나는 내가 쓴 문장만큼 존재한다. 그리고 매일 쓰는 문장이 곧 내가 살아가는 존재 방식이다. '나는 생각한다, 고로 존재한다'는 말은 이제 이렇게 바꿀 때다.

"나는 쓴다, 고로 존재한다."

2절. 윤리적 글쓰기란 무엇인가

글은 자유로운가? 그렇다. 그러나 글쓴이는 글에 대해 책임져야 하는가? 반드시 그렇다. 글을 쓴다는 것은 사유의 자유를 실천하는 일이면서, 동시에 그 사유의 결과가 미치는 영향에 대한 윤리적 책임을 감당하는 행위다. 이 절은 바로 그 책임의 구조와 윤리적 글쓰기의 핵심 조건을 다룬다.

1. 말은 사라지지만, 글은 남는다

말은 공기 속에서 흩어진다. 그러나 글은 기록으로 남는다. 글에는 지속성이 있고, 영향력이 있다. 글쓴이의 무심한 한 문장이 누군가에게는 오래 남는 상처가 되거나, 또는 인생을 바꾸는 계기가 될 수도 있다.

→ 그래서 글쓰기에는 의도 너머의 책임, 효과에 대한 윤리적 자각이 필요하다.

2. 윤리적 글쓰기란 무엇인가?

윤리적 글쓰기란 그저 착한 글만 쓰는 행위가 아니다. 쓴다는 행위 자체에 따르는 책임을 자각하며 쓰는 것이다. 윤리적 글쓰기는 다음을 전제로 한다.

"사실을 왜곡하지 않는다."
"타인의 고통을 소비하지 않는다."
"말하지 않는 것도 하나의 선택임을 인식한다."
"따라서 제때 말을 못하는 것도 위선이다."
"글의 파급력에 대해 숙고한다."
"감정을 과잉 연출하지 않는다."

3. 칸트의 보편성 원리와 글쓰기 윤리

칸트는 도덕법칙의 원칙을 이렇게 말했다.
"너의 행위가 모든 사람에게 보편화되어도 괜찮을 만큼만 행위하라."

이 원칙은 글쓰기에도 적용할 수 있다.
이 문장을 모두가 써도 괜찮은가? > 보편화 가능성
이 글이 타인을 도구처럼 쓰지 않는가? > 인간을 목적 자체로 대하라.
이 글은 진심에서 출발했는가? > 자기동기의 정직성
칸트의 윤리는 보편성에 근거해 글을 점검하라고 말한다.

4. 윤리적 글쓰기를 위한 질문

이 글은 타인을 어떤 존재로 다루고 있는가?

→ 대상화하고 있는가, 공감하고 있는가?

이 문장은 나에게 얼마나 솔직한가?

→ 감정을 위장하고 있는가, 회피하고 있는가?

이 글이 퍼졌을 때 나는 어떤 책임을 질 수 있는가?

→ 글의 결과를 감당할 마음이 있는가?

5. 주의해야 할 비윤리적 글쓰기의 예

감정 조작형 > 억지 감동, 동정 유도 > "그는 울었다. 우리 모두가 울어야 한다."

희생 소비형 > 타인의 상처를 도구화 > "가난했던 그 친구를 떠올린다. 지금은 내가 나아졌다."

책임 회피형 > 판단 없이 흐릿하게 끝냄 > "어쩌면 그냥 그런 건지도 모른다."

비하 일반화형 > 집단 낙인, 인격 판단 > "요즘 MZ들은 글을 쓸 줄 모른다."

→ 이런 글은 정보는 줄 수 있지만, 사유를 얕아지게 만든다.

실천 워크시트: 내 글의 윤리 점검

☐ 나는 타인의 고통을 설명하거나 묘사할 때, 신중했는가?

☐ 이 문장은 감정을 선동하거나 조작하고 있지는 않은가?

☐ 이 글은 판단을 회피하지 않았는가?

☐ 내 글은 보편화되어도 무리가 없는 문장을 담고 있는가?

☐ 나는 이 글의 결과에 책임질 준비가 되었는가?

정리

글을 쓴다는 것은 판단의 구조를 남기는 일이다. 판단이 있는 곳에 책임이 있고, 책임이 있는 곳에 윤리가 있다. 윤리적 글쓰기는 자기를 감추지 않고, 타인을 대상화하지 않고, 사유의 무게를 견디는 글이다.

3절. 철학적 글쓰기의 실천

한 편의 글이 정말 사람을 바꿀 수 있을까? 철학적 글쓰기가 세상에 영향을 미친다는 것은 어떤 방식인가? 글을 통해 '자기 정립 → 타자 설득 → 사회 변화'까지 연결되는 구조는 어떤 것인가?

1. 한 문장이 한 사람을 바꾼다

사람은 긴 강연보다 가슴에 꽂히는 단 하나의 문장에 의해 바뀐다.
"말하지 않는다는 건, 존재를 지우는 일이다.
나는 견디는 사람이 아니라, 살아가는 사람이다.
생각이 정리되지 않은 사람은, 결국 타인을 따라가게 된다."
이런 문장들은 나의 세계관을 재구성하는 철학적 장치다.

2. 철학적 글쓰기는 공감을 뛰어넘는다

일반적인 글은 공감에 머문다.
"맞아. 나도 그래."
그러나 철학적 글쓰기는 다음 질문으로 독자를 이끈다.

"나는 왜 그렇게 살아야 하지?"
"그 말이 나의 세계관을 흔들고 있다."
"나는 앞으로 어떤 선택을 해야 하지?"
공감은 감정을 열고, 철학은 구조를 바꾼다.

3. 철학적 글쓰기는 판단을 유도한다
좋은 철학적 글은 독자에게 다음과 같은 행동을 일으킨다.
스스로의 기준을 돌아보게 한다.
자신의 판단 습관을 점검하게 한다.
세계를 다르게 해석하는 시야를 열어 준다.
당신의 글이 누군가의 판단 구조에 영향을 줄 수 있다면, 당신은 이미 세상을 바꾸는 사람이다.

4. 칸트의 글은 어떻게 세상을 바꾸었는가?
칸트는 "인간은 수단이 아니라 목적"이라는 말을 글로 썼고, 그 글은 수백 년이 지나 인권 선언의 철학적 뼈대가 되었다. 그는 사람들에게 강요하지 않았다. 감정에 호소하지 않았다. 단지 명료하게 판단했고, 정확하게 썼다. 그것이 가장 멀리 가는 방식이었다.

5. 철학적 글쓰기는 실천이다
철학적 글은 다음을 동시에 실천한다.
자기 반성 > 나는 왜 이런 판단을 내리는가?
타자 존중 > 이 문장이 타인을 어떻게 다루고 있는가?
사회 비판 > 이 구조는 누구에게 유리하고, 누구에게 불리한가?

가능성 제안 〉 우리는 이 문제를 어떻게 다시 말할 수 있는가?

철학적 글은 구조를 말하는 글이며, 그 구조를 통해 존재와 사회를 함께 비추는 거울이 된다.

실천 워크시트: 내 글의 영향력 질문지

1. 이 글은 나의 어떤 판단을 반영하는가?
   → _____

2. 이 글은 타인에게 어떤 질문을 던지는가?
   → _____

3. 이 글은 어떤 사유 구조를 바꾸려 하는가?
   → _____

4. 이 글을 읽은 사람이 어떤 행동을 하게 될 수 있는가?
   → _____

정리

철학적 글쓰기는 삶을 성찰하는 도구이자, 세계를 재구성하는 도전이다. 그것은 작은 글의 반복이지만, 그 반복이 쌓이면 인식이 변하고, 인식이 변하면 사회가 바뀐다. 생각을 남기면 문장이 되고, 문장이 남으면 세계가 바뀐다.

9장 종합 실전 워크북

STEP 1. 나를 만든 문장 돌아보기

설명: 최근에 쓴 글 중에서 반복한 문장, 자주 쓰는 단어를 찾아 보라.

예시: 자주 쓴 문장: '나는 괜찮다', 자주 쓴 단어: '버텨야 한다'

STEP 2. 나의 존재 문장 재구성

설명: 자주 쓰는 문장을 바탕으로 '나는 어떤 존재인가'를 문장으로 표현해 보라.

예시: "나는 늘 참는 사람이다." → "나는 감정을 말할 수 있는 사람이다."

STEP 3. 글의 윤리 체크리스트

설명: 다음 항목들을 따라 내가 쓴 글의 윤리성을 점검해 보라.

예시:

☐ 감정 과잉 표현이 없는가?
☐ 타인의 고통을 소비하지 않는가?
☐ 판단을 유예하지 않았는가?

STEP 4. 철학적 글쓰기 영향력 점검
설명: 내 글이 독자에게 어떤 영향을 줄 수 있는지 질문해 보라.
예시 : 이 글은 독자의 어떤 사유 방식을 바꾸고 싶은가?

STEP 5. 철학적 실천문 작성
설명: 자신의 사유, 윤리, 존재를 담아 5문장 이상의 글을 써 보라.
예시: "나는 더 이상 무조건 견디는 사람이 아니다. 나는 감정을 판단으로 전환할 수 있다."

실전
1) 문장 돌아보기 → 최근에 쓴 글 중에서 반복한 문장, 자주 쓰는 단어를 찾아 보라.
2) 존재 문장 재구성 → 자주 쓰는 문장을 바탕으로 '나는 어떤 존재인가'를 문장으로 표현해 보라.
3) 글의 윤리 체크리스트 → 쓴 글의 윤리성을 점검해 보라.
4) 철학적 글쓰기 영향력 점검 → 글이 독자에게 어떤 영향을 줄 수 있는지 질문해 보라.

5) 철학적 실천문 작성 → 자신의 사유, 윤리, 존재를 담아 5문장 이상의 글을 써 보라.

예시

자주 쓴 문장: '나는 괜찮다', 자주 쓴 단어: '버텨야 한다'
1) '나는 늘 참는 사람이다' → '나는 감정을 말할 수 있는 사람이다'
2)
☐ 감정 과잉 표현이 없는가?
☐ 타인의 고통을 소비하지 않는가?
☐ 판단을 유예하지는 않았는가?
3) 질문: 이 글은 독자의 어떤 사유 방식을 바꾸고 싶은가?
4) "나는 더 이상 무조건 견디는 사람이 아니다. 나는 감정을 판단으로 전환할 수 있다."

핵심 메시지

반복되는 문장을 통해 자기 존재 인식하기
문장을 바꾸어 존재를 재구성하는 훈련
윤리적 글쓰기 점검
글의 사회적·철학적 영향 분석
철학적 자기 실천문 작성

10장

글쓰기 루틴의 철학

하루에 단 한 줄도 쓰지 못한 날, 나는 막연한 죄책감이나 무기력함에 빠진다. 글쓰기를 단지 성과나 결과 중심의 행위로 여길 때, 글쓰기는 고통이 되고, 잘 써야 한다는 압박은 점점 무겁게 다가온다. 글쓰기를 특정한 순간의 영감이 아니라, 삶의 질서를 이루는 루틴, 곧 철학적 습관으로 바라보도록 돕는다.

철학과 글쓰기는 루틴이다

칸트는 매일 같은 시간에 산책하고, 같은 방식으로 일했다. 그의 철학은 반복된 일상 속 질서 있는 사유 루틴에서 비롯되었다.

글쓰기 역시 마찬가지다. 루틴은 생각을 끌어내는 준비 운동이자, 사유의 세계로 들어가는 통로다.

쓸 수 없어서 안 쓰는 것이 아니라, 쓰기 위한 습관이 준비되지 않았기 때문에 못 쓰는 것이 아닐까?

이 장에서 배우게 될 것

글쓰기 루틴의 본질은 '질서'다 매일 정해진 시간과 방식으로 쓰는 반복은 '무엇을 쓸까'라는 불안을 줄이고, 생각이 흘러나오는 통로를 튼튼히 다져 준다.

생각의 예열법을 익히려 무작정 쓰지 말고, 글 앞에 앉기 전 사유를 데우는 루틴을 만들어야 한다. 산책, 명상, 낭독, 메모… 그 무엇이든 글쓰기를 준비하는 나만의 리듬이 필요하다.

칸트의 산책처럼, 글쓰기에도 리듬이 있다. 무의식이 흐르고 생각이 수면 위로 올라오는 순간은 일상의 반복 속에서 만들어진다. 매일 같은 리듬은 사유의 근육을 단련시킨다.

핵심 메시지

위대한 글은 순간의 번뜩임이 아니라, 무수한 반복의 리듬에서 태어난다. 글을 쓰는 사람과 매일 쓰는 사람은 다르다. 이 장은 당신을 후자의 사람으로 이끄는 문장 훈련법의 시작점이다.

이제 글쓰기는 더 이상 이벤트가 아니다. 삶의 구성 요소이고 존재의 습관이 된다.

오늘 쓰는 한 문장이, 당신의 내일을 만든다.

1절. 매일 쓰는 철학자의 습관

영감이 와야 글을 쓰는가? 아니면 써야 영감이 오는가? 글을 쓴다는 것은 결국 사유의 루틴을 세우는 일이며, 철학적 글쓰기는 일상의 반복 속에서 점차 그 힘을 얻게 된다. 이 절은 루틴이 사유의 질서를 만든다는 철학적 구조를 탐구한다.

1. 우리는 생각보다 훨씬 습관적인 존재다

칸트는 거의 매일 같은 시간에 산책을 했고, 같은 책상, 같은 잉크, 같은 방식으로 글을 썼다. 그는 규칙 속에서 위대함을 창조했다. 그의 루틴은 단지 시간표가 아니라, 생각하는 방식 그 자체였다. 루틴은 생각의 인프라다. 글쓰기도 예외가 아니다.

2. 왜 루틴은 글쓰기를 가능하게 하는가?

심리적 마찰 제거 → '언제 쓸까', '어떻게 시작할까'를 고민하지 않게 해 줌

인지적 흐름 고정 → 시간, 공간, 리듬이 일정하면 뇌는 자동사고 상태로 진입함

사유의 지층 형성 → 하루하루 생각이 쌓여 구조를 이루게 됨

루틴은 영감이 아니라 조건을 만든다. 조건이 사유를 끌어낸다.

3. 사유는 반복을 통해 두꺼워진다

하루 5분, 단 한 문장을 쓰는 습관은 한 달 뒤, 판단을 담은 단락이 된다. 3개월 뒤, 그 문장은 글을 견디는 주장이 되고, 그 글은 존재를 증명하는 기록이 된다. 글쓰기를 꾸준히 한다는 건, 사유를 체력처럼 만드는 일이다.

4. 당신의 글쓰기 루틴을 점검하라

자신에게 물어야 할 5가지 루틴 질문:

언제 글을 쓰는가?

어디에서 쓰는가?

무엇으로 쓰는가? (도구)

어떤 형식으로 쓰는가? (수기, 디지털, 일기, 칼럼 등)

무엇을 쓰기로 정해 두었는가?

이 5가지 요소가 명확할수록, 글쓰기는 의지의 문제가 아닌 구조의 문제가 된다.

5. 글쓰기 루틴은 생각보다 '낮게' 시작해야 한다

많은 사람이 루틴에 실패하는 이유는 처음부터 잘 쓰려는 목표를 잡기 때문이다.

"매일 1000자 써야지.", "매일 새 칼럼 한 편씩 완성하자."

→ 이런 목표는 3일이면 무너진다.

철학적 루틴의 핵심은 쓸 수 있는 환경의 확보다.

→ 한 문장만 써도 되는 시간과 공간을 만들면, 생각은 저절로 따라 온다.

실습 워크시트: 나만의 글쓰기 루틴 설정하기

언제 쓸 것인가 > 매일 아침 7시, 커피 한 잔 후

어디서 쓸 것인가 > 주방 창가 테이블

무엇으로 쓸 것인가 > 노트북, 혹은 공책과 펜

어떤 형식으로 > 하루 하나의 판단 문장 쓰기

무엇을 쓸 것인가 > 감정 → 사유 → 한 문장 정리

정리

글쓰기는 재능의 문제가 아니라 구조의 문제이고, 질서의 반복이다. 사유는 저절로 머리에 떠오르지 않고 자리에 앉을 때 시작되는 경우가 많다. 루틴은 사유의 무대이고, 그 무대에 자주 오를수록 나는 글쓰기 품에 정착한다. 루틴은 거창하지 않다. 작은, 아주 작은 생활 속 습관 하나부터 만들어 보라.

2절. 글쓰기를 위한 사고 예열법

자리에 앉았지만 막상 쓸 말이 없다면? 아무리 루틴이 잡혀 있어도 사고가 예열되지 않으면 문장이 나오지 않는다. 이 절에서는 철학적 글쓰기를 위한 생각 준비 운동, 즉 사유의 예열법을 제시한다.

1. 글쓰기 전에 뇌를 사유 모드로 전환하라

자동차도 시동을 걸고 예열을 해야 출발할 수 있다. 글쓰기도 마찬가지다.

글쓰기는 단지 손으로 하는 일이 아니다.

판단할 준비가 된 뇌 상태를 만드는 일이다. 이때 필요한 건 정보가 아니라, 방향을 잡아 주는 단 하나의 철학적 질문이다.

2. 사고를 깨우는 5가지 철학적 질문

지금 이 순간, 나는 무엇에 예민해 있는가? > 감정 감지 → 주제의 출발점

내가 지금 가장 부정하고 싶은 말은 무엇인가? > 회피 → 판단의 실마리
오늘 하루, 나는 무엇을 판단했는가? > 일상의 판단 추출 → 사유 자산
이 판단은 누구에게 적용될 수 있는가? > 보편화 훈련
이 판단은 나를 어떻게 변화시키는가? > 존재 연결 → 철학적 자기 글쓰기
이 질문들은 글의 시작이 아니라 사고의 발화점이다.

3. 칸트가 보여 주는 사고의 예열 방식

칸트는 어떤 주제든 바로 쓰지 않았다. 그는 사유의 뼈대를 만들기 위해 질문을 구성하고, 그 질문에 개념과 조건을 부여한 뒤, 비로소 문장으로 옮겼다.

생각은 떠오르는 것이 아니라, 조건 위에 등장한다.

→ 조건 없는 사유는 없다.

→ 사고를 부르는 구조가 있을 때, 글은 비로소 흐른다.

4. 사고를 깨우는 루틴 5가지

1) 3문장 일기 쓰기 → 감정, 사건, 판단을 한 줄씩 적는다.
2) 어제 쓴 글 1문장 소리 내어 읽기 → 자신의 언어 구조를 듣는 순간, 사고가 깨어난다.
3) 판단형 문장 인용하기 → 철학 문장 또는 명언을 한 줄 읽고 나의 판단을 붙인다.
4) 쓰기 전 '질문 노트' 보기 → 미리 모아 둔 질문 리스트를 1분간 훑는다.
5) 걷기 + 말하기 루틴 → 산책하며 "나는 왜 지금 이것을 쓰려 하지?"를 말로 떠올린다.

틀만큼 사고의 리듬도 중요하다.

5. 사고 예열 → 글쓰기 착화제 만들기

질문: "나는 지금 무엇을 부정하고 있는가?"

→ 답: "나는 내가 지쳐 있다는 사실을 인정하고 싶지 않다."

→ 판단: "인정하지 않는 피로는 더 큰 붕괴로 돌아온다."

→ 첫 문장: "나는 아직 괜찮다고 말하는 순간, 가장 지쳐 있었는지도 모른다."

→ 사고의 예열이 글의 시작을 이끈다.

실습 워크시트: 나의 사고 예열 루틴 정하기

1) 루틴 질문 한 가지 고르기 → 오늘 나는 무엇을 판단했는가?
2) 질문에 대한 내 응답 → 나는 친구의 말에 속으로 분노를 느꼈다.
3) 판단 도출 → 사소한 감정을 무시할수록 생각은 흐려진다.
4) 첫 문장 → '나는 늘 아무 일도 아니야'라고 말하지만, 거기엔 감정이 항상 숨어 있었다.

정리

글은 생각의 결과물이지만, 그 생각은 준비된 질문에서 출발한다. 사고는 자리에 앉는 순간부터 시작되는 게 아니라, 그 전에 생각을 부르는 상태를 만들 때 시작된다. 사고는 연료다. 예열이 없다면, 글은 한 줄도 나아가지 않는다. 마치 자동차가 연료와 예열 없이는 한 바퀴도 굴러가지 못하는 것처럼.

3절. 칸트의 산책처럼 일상의 리듬 유지

글을 매일 쓰는 삶은 지루할까, 위대할까? 칸트는 왜 매일 같은 시간에 같은 길을 산책하며 철학을 정리했을까? 일상의 반복 속에서 어떻게 '글쓰기의 리듬'을 만들어 낼 수 있었을까?

1. 칸트의 산책은 단순한 운동이 아니었다

칸트는 매일 정확히 오후 3시 30분, 누구보다도 성실하게 같은 길을 산책했다. 그 길은 '칸트의 산책로'라는 이름으로 지금도 남아 있다. 그는 산책하며 사유하고, 사유하며 글쓰기의 맥을 잡았다. 몸의 리듬이 곧 사고의 리듬, 사고의 리듬이 곧 문장의 리듬이었다.

2. 리듬은 창조의 틀이다

리듬은 반복을 통해 만들어진다. 그러나 그 반복은 기계적 복사가 아니라 사유의 정제된 반복이다.

같은 시간에 쓴다. > 사고에 반사 조건이 생김
같은 장소에서 쓴다. > 심리적 안정감 확보
같은 방식으로 시작한다. > 쓰기 진입 장벽 제거
같은 글감을 변주한다. > 깊이와 확장 획득

반복은 깊이를 만든다. 깊이는 존재를 구성한다.

3. 리듬 없는 글쓰기는 늘 처음처럼 낯설다

많은 사람들이 "매일 쓰는 게 어려워요."라고 말한다. 그러나 정확히 말하면, 매일 쓸 리듬을 만들지 않았기 때문에 어렵다. 처음부터 무리한 목표보다 예측 가능한 흐름과 감각을 만드는 것이 우선이다.

4. 일상에서 철학적 리듬을 발견

아침에 한 문장 생각하기 > 하루의 인식 기준 설정
출근길 짧은 메모 > 이동 중 사유 흔적 기록
점심 후 책 한 페이지 읽기 > 판단과 어휘의 연료 공급
퇴근 후 일기 5문장 → 감정 > 판단 → 구조화
취침 전 오늘의 질문 남기기 > 다음 날 사유의 단초 제공
일상은 쓰기 위한 도구가 아니라, 쓰기의 원천 그 자체다.

5. 칸트처럼 글쓰기, 가능한가?

철저한 루틴과 깊은 사유, 외부 유행보다 내적 원칙과 정확한 문장, 이것이 칸트의 글쓰기 리듬이었다.

사유의 리듬을 가질 수 있도록 일상을 살펴볼 일이다.

실습 워크시트: 나의 일상 글쓰기 리듬 설계

아침 > 오늘의 판단 한 줄 쓰기 > "오늘 나는 ___에 대해 이렇게 생각한다."
오전 > 자투리 시간에 인용문 음독 > "이 문장은 내 사고에 어떤 영향을 주는가?"
오후 > 관찰/사건 한 줄 메모 > "나는 ___를 보며 무엇을 느꼈는가?"

저녁 > 오늘의 판단 정리 3문장 > "오늘 내가 내린 판단은 ___이다."
취침 전 > 다음 날 질문 남기기 > "내일 나는 ___에 대해 다시 써 볼 것이다."

정리

칸트처럼 산책하듯 나도 글을 쓴다. 그 리듬은 나를 정돈시키고, 나를 한 문장씩 단단하게 만든다. 리듬이 글을 낳고, 글이 삶을 세운다.

10장 종합 실전 워크북

STEP 1. 나만의 글쓰기 루틴 점검

설명: 글을 쓰는 시간, 장소, 방식, 도구를 항목별로 정리해 보라.

예시: 시간: 아침 7시/장소: 창가/도구: 공책/방식: 하루 한 문장 쓰기

STEP 2. 사고 예열 질문 선택 및 응답

설명: 글쓰기 전 예열 질문을 정하고, 그에 대한 답을 짧게 써 보라.

예시: 질문: 오늘 나는 무엇을 판단했는가? → 답: 친구의 조언을 무시하고 감정적으로 굴었다.

STEP 3. 반복하고 싶은 판단형 문장 정리

설명: 앞으로 자주 떠올리고 싶은 철학적 판단형 문장을 작성해 보라.

예시: 감정은 부정한다고 사라지지 않는다.

STEP 4. 나의 하루 사유 루틴 설계

설명: 아침부터 밤까지, 사유가 가능한 작은 루틴을 설계해 보라.

예시: 아침: 판단형 문장 1줄 쓰기/점심: 인용문 필사/저녁: 감정 → 판단 흐름 정리

STEP 5. 칸트처럼 쓰는 한 주 실천 선언

설명: 이번 주 실천할 나의 글쓰기 루틴과 각오를 선언문처럼 적어 보라.

예시: 나는 이번 주 매일 저녁 10분간, 판단형 문장 한 줄과 나의 감정을 기록하겠다.

워크북

1) 나만의 글쓰기 루틴 점검 > 글을 쓰는 시간, 장소, 방식, 도구를 항목별로 정리해 보라.
2) 사고 예열 질문 선택 및 응답 > 쓰기 전 예열 질문을 정하고, 그에 대한 답을 짧게 써 보라.
3) 반복하고 싶은 판단형 문장 정리 > 앞으로 자주 떠올리고 싶은 철학적 판단형 문장을 작성해 보라.
4) 나의 하루 사유 루틴 설계 > 아침부터 밤까지, 사유가 가능한 작은 루틴을 설계해 보라.
5) 칸트처럼 쓰는 한 주 실천 선언 > 이번 주 실천할 나의 글쓰기 루틴과 각오를 선언문처럼 적어 보라.

예시

시간: 아침 7시

장소: 창가

도구: 공책

방식: 하루 한 문장 쓰기

1) 질문: 오늘 나는 무엇을 판단했는가? → 답: 친구의 조언을 무시하고 감정적으로 굴었다.
2) 감정은 부정한다고 사라지지 않는다.
3) 아침: 판단형 문장 1줄 쓰기/점심: 인용문 필사/저녁: 감정 → 판단 흐름 정리
4) 나는 이번 주 매일 저녁 10분간, 판단형 문장 한 줄과 나의 감정을 기록하겠다.

핵심 메시지

글쓰기 루틴 점검과 설정

사고를 예열하는 질문 훈련

자기 판단 문장 정리와 내면화

하루 사유 루틴 설계

실천 선언을 통한 지속적 글쓰기 루틴 강화

11장

글쓰기가 힘들 때 대처하는 철학

오늘도 글을 쓰지 못했다. 나는 글 쓸 자격이 없는 것 같다. 이 말이 맞는 말일까? 글을 쓰는 모든 사람은 불안, 공허, 자기 의심과 자주 만난다. 하지만 이런 마음속 불안들을 단순한 실패로만 받아들인다면, 우리는 끝없이 글과 나 자신을 동시에 부정하게 된다. 힘들거나 불안할 때 철학적으로 생각하고, 글쓰기 자체를 다시 정의해 보는 장이다.

글쓰기 불안은 존재론적이다

글을 쓰는 행위는 생각을 밖으로 꺼내는 일이자, 자신의 존재를 문장에 담는 작업이다. 따라서 글이 써지지 않을 때의 불안은 단순히 표현력 부족이 아니라, '내가 지금 여기 있는가?'라는 실존적 질문과 맞닿아 있다.

이 장은 글을 쓰지 못하는 날조차 철학적으로 의미 있는 시간으로 전환할 수 있도록 이끌어 준다.

이 장에서 다루는 질문

완벽한 문장이 아니라 존재하는 문장을 쓰라. 글이 완성되지 않아도,

문장이 아름답지 않아도 괜찮다. 내가 여기에 있다는 존재의 흔적을 남기는 것 자체가 쓰기의 시작이다.

막막함은 생각이 시작되는 자리다. 사유는 언제나 공허에서 출발한다. 무의미해 보이는 문장이라도 그 안에서 질문이 생기고, 철학이 깨어난다.

쓰기 싫은 날, 칸트를 꺼내 읽는 이유

글이 막힐 때, 철학자의 문장을 다시 읽는 것은 다시 질문을 시작하게 만드는 좋은 훈련이다. 이 장은 글쓰기 불안의 순간을 철학적으로 리셋하는 기술을 다룬다.

핵심 메시지

한 줄도 나아갈 수 없이 막막한 날은 단순히 글을 못 쓰는 날이 아니라, 다시 사유를 준비하는 날일 뿐이다.

이 장은 독자에게 위로가 아니라 방향을 준다. 글쓰기에 불안은 필연이며, 그 불안을 견디는 힘이야말로 진짜 쓰는 사람을 만드는 철학적 근육이라는 사실을 일깨운다.

글을 잘 쓰는 법이 아니라, 글을 쓰지 못하는 날을 어떻게 받아들일 것인가에 대해 이제 철학적으로 따져 보아야 할 차례다.

1절. 공허와 막막함을 견디는 존재론적 시선

"도대체 뭘 써야 하지?", "이런 글을 써서 무슨 의미가 있지?" 우리는 글 앞에서 자주 막히고, 흔들린다. 이때 필요한 건 기술이 아니라 존재에 대한 철학적 응시다. 글쓰기 불안의 본질을 직면하고, 그것을 사유로 전환하는 존재론적 관점을 이 절에서 탐구한다.

1. 글쓰기 불안은 기술의 문제가 아니다

많은 사람들이 글쓰기 불안을 표현력, 문장력, 어휘력 문제라고 생각한다. 그러나 진짜 원인은 그보다 깊다.

"나는 쓸 자격이 있는가?"
"내가 쓰는 말이 누군가에게 의미가 있을까?"
"내가 느낀 것을 글로 다 담을 수 있을까?"

이런 물음은 언어의 문제가 아니라, 존재에 대한 질문이기 때문이다.

2. 칸트는 어떻게 공허를 견뎠는가?

칸트도 글쓰기 앞에서 막막함을 느꼈다. 『순수이성비판』에서 그는 이렇게 말했다.

"나는 나 자신의 무지를 직면했다. 그러나 나는 두려움 없이 나아갔다."

그는 무지를 아는 것이 철학의 시작이라고 했다. 즉, 글쓰기의 불안은 사유의 출발점이다.
→ 막막함은 생각이 탄생하기 직전의 진공 상태다.

3. 공허함은 의미의 틀을 만들기 위한 침묵이다

글을 쓰다 보면, 어느 순간 단어가 텅 비어 보이고 문장이 아무 의미도 없어 보이는 때가 있다. 그러나 그것은 실패가 아니다. 그것은 사유의 거품이 가라앉고, 진짜 문장이 나오기 전의 고요다. 그 고요를 견디지 못하면 글은 감정에 기대거나, 진실을 피하게 된다.

4. 존재론적 질문을 글쓰기의 중심에 놓아라

우리는 쓰기 전에 이렇게 물어야 한다.
"나는 지금 왜 이 말을 하려 하는가?"
"이 문장은 나의 어떤 존재를 드러내는가?"
"나는 이 글에서 무엇을 감추려 하고, 무엇을 드러내려 하는가?"
이 질문은 문장의 기술을 넘어서, 존재의 중심을 호출한다.

5. 글쓰기는 자기 존재의 확인 행위다

글이 써지지 않을 때, 사람들은 자신의 재능을 의심한다. 그러나 그 순간 의심해야 할 것은 '존재'다.

"나는 지금 어떤 상태인가?"
"나는 지금 어떤 감정인가?"
"나는 이 글을 쓰는 데 있어서 무엇을 회피하고 있는가?"

글쓰기 불안은 자기 존재가 흔들릴 때 찾아온다. 그러므로 그것을 견디는 건 존재에 대한 철학적 응시다.

실습 워크시트: 불안을 사유로 전환하기

지금 나는 어떤 막막함을 느끼고 있는가? → 내 글은 너무 평범해서 가치가 없을 것 같다.

이 감정은 어떤 존재감 결핍에서 오는가? → 나는 내 이야기가 특별하지 않다고 느낀다.

이 글을 쓰는 나의 존재 이유는 무엇인가? → 내가 쓴 문장은 나의 시선을 정리하는 유일한 방법이다.

내가 지금 쓰고 싶은 '존재의 문장'은? → 나는 사라지지 않기 위해 오늘도 문장을 남긴다.

정리

글쓰기 불안은 존재의 침묵이다. 그 침묵은 의미 없는 상태가 아니라, 진짜 의미를 기다리는 자리다.

글이 써지지 않을 때, 그 자리를 견디는 내가 철학자다.

2절. 완벽한 문장이 아니라 존재하는 문장

왜 글을 쓰려 하면 멈추게 되는가? 왜 우리는 잘 써야 한다고 압박하며 스스로 옥죄는가? 철학적 글쓰기는 완벽한 문장이 아닌 존재를 담은 문장을 쓰는 일이다. 이 절에서는 불완전함을 견디는 힘, 그리고 불완전함 속에서 생겨나는 철학적 문장의 가치를 탐색한다.

1. 완벽주의는 사유의 가장 교묘한 적이다

"좀 더 다듬은 후에 써야지."

"이건 너무 유치한 것 같아."

"지금은 머릿속이 정리가 안 됐어."

이 말들은 그럴싸하지만, 사실은 모두 쓰기 회피의 말이다. 완벽주의는 겉으로는 고결해 보이지만 속으로는 자기 존재를 노출하지 않으려는 두려움에서 나온다.

2. 철학자들은 불완전함을 감수했다
칸트의 문장은 결코 유려하지 않았다. 그의 문장은 길고, 난해했다. 그러나 그는 문장이 정확한가를 기준으로 삼았다. 잘 쓴 문장보다 '정직한 문장'을 선택했다. 생각을 담을 수 있다면, 그 문장은 충분하다. 문장은 꾸며져야 할 예술이 아니라, 사유의 그릇이다.

3. 문장의 목적은 완벽이 아니라 '출현'이다
글쓰기의 핵심은 다음에 있다. '내가 지금 이 자리에서, 지금 이 상태로 존재하고 있다는 것을 문장으로 드러내는 것'. 조금 어색해도, 아직 덜 다듬어졌어도, 지금의 나를 보여 주는 문장은 이미 충분히 가치 있는 문장이다.

4. 존재하는 문장은 다음과 같은 특징이 있다
불완전하지만 정직함 > 꾸미지 않고 현재의 생각을 고백 > 나는 아직 이 문제에 대해 확신이 없다.

감정에서 판단으로 움직임 > 감정에만 머물지 않음 > 나는 지쳤다. 그러나 그 지침은 방향 상실에서 비롯됐다.

반복을 통해 조금씩 단단해짐 > 매일 다듬으며 사유 심화 > 어제보다 조금 더 명확해졌다.

스스로를 속이지 않음 > 문장을 통해 자기와 마주함 > 나는 이 말을 쓰는 것이 부끄럽지만, 외면하지 않겠다.

5. 존재하는 문장을 쓰는 훈련

하루 한 줄 쓰기 훈련 예시:
오늘 내가 가장 솔직하게 쓸 수 있는 문장은?
오늘 내가 가장 회피하고 있는 판단은?
지금 이 문장을 쓰는 나의 존재는 어떤 상태인가?

실천 예:

나는 이 글이 무의미하다고 느끼지만, 그래서 더 쓰고 싶다. 무의미함을 지나야 의미가 시작될 테니까.

실습 워크시트: 존재하는 문장 쓰기

오늘 내가 감추고 싶은 말
→ _____

그 감정에 대한 판단
→ _____

지금 이 상태를 있는 그대로 말하면
→ _____

내가 오늘 쓸 수 있는 가장 정직한 문장
→ _____

정리

글은 기술이 아니라 존재의 형식이다. 완벽한 글은 기억되지 않지만, 존재가 담긴 글은 사람을 붙든다. 문장을 쓰는 것이 아니라, 존재를 드러내는 것이다.

3절. 쓰기 싫은 날, 칸트를 꺼내 읽는 이유

누구나 쓰기 싫은 날이 있다. 그날은 도대체 뭘 하면 좋을까? 억지로 문장을 짜내야 할까, 쉬어야 할까, 이 절에서는 쓰기 싫은 날을 견디는 철학적 방법으로서 칸트의 문장을 읽는 습관에 대해 이야기한다.

1. 글쓰기에서 가장 무서운 날은 의욕이 없는 날

아이디어가 없고, 감정도 말라 버린 날. 글이 귀찮고, 내가 쓰는 글이 아무 의미 없어 보이는 날. "왜 쓰고 있지?"라는 근본적인 회의가 드는 날. 이런 날은 꼭 찾아온다. 그럴 때 우리는 흔히 포기하거나, 억지로 타이핑하거나, 자책하며 덮어 버린다. 그러나 이때 필요한 건 행동이 아니라 철학적 응시다.

2. 쓰기 싫을 때는 사유의 구조를 다시 연결한다

글을 쓴다는 건 생각의 흐름을 언어로 옮기는 일이다. 그 흐름이 막혔다는 건, 사유의 구조가 느슨해졌다는 뜻이다. 그럴 때는 글을 쥐어짜기보다 철학적인 구조 안에 자신을 다시 놓는 편이 낫다.

3. 칸트를 읽으면 사유의 자세가 되살아난다

칸트의 문장은 쉽게 읽히지 않는다. 그러나 그 문장은 사고를 단단하게 붙잡는 그물처럼 작동한다.

"나는 무엇을 아는가?"

"나는 무엇을 해야 하는가?"

"나는 무엇을 희망할 수 있는가?"

"나는 어떤 존재인가?"

네 가지 질문 앞에 서면 다시 의욕 없는 나도, 사유하는 나로 되돌아오게 된다.

4. 쓰기 싫은 날의 '철학적 회복 루틴'

칸트 인용문 1문장 읽기 > 사유의 문 다시 열기

지금 가장 회피하고 있는 질문 쓰기 > 내면 직면

판단 없이 일상 한 장면 묘사 > 언어감각 회복

'나는 왜 쓰는가?'라는 문장에 답해 보기 > 존재 회복

'오늘은 한 문장만 쓴다' 선언 > 부담 줄이기

선언 예시:

"오늘 나는 단 한 줄만 써도 괜찮다.
단, 그 한 줄은 나의 진심이어야 한다."

5. 글쓰기 지속의 핵심은 철학적 복구력이다

매일 같은 퀄리티의 글을 쓰는 건 불가능하다. 중요한 건 그날 무너진 리듬을 다시 복구할 수 있는 능력이다. 철학은 회복력이다. 사유는 다시 돌아올 수 있다는 믿음이다. 칸트를 꺼내 읽는 건, 단지 문장을 위한 예열이 아니라 존재를 다시 글로 붙잡는 연습이다.

실습 워크시트: 쓰기 싫은 날의 복구 리추얼

오늘의 컨디션 점검 → 쓰기 싫고, 무의미함이 밀려온다.
지금 가장 두려운 질문 → 내가 쓰는 글이 쓸모없지 않을까?
칸트 문장 한 줄 필사 → 생각이 없으면 직관은 맹목이다.
오늘의 한 줄 진심 → 나는 오늘도 다시 시작할 수 있다.

정리

쓰기 싫은 날은 글을 내려놓을 날이 아니라, 철학을 들어올릴 날이다. 칸트의 문장은 '왜 쓰는가'라는 질문 앞에 다시 나를 데려다 놓는다.

글을 쓰지 못하는 날, 나는 철학을 읽는다. 그리고 사유는 다시 나를 글로 이끈다.

11장 종합 실전 워크북

STEP 1. 나의 글쓰기 불안 자각하기

설명: 글을 쓰기 어려운 순간을 떠올리고, 그때의 감정과 생각을 적어 보라.

예시: 회의적인 감정이 들 때

감정: 허무, 두려움

생각: 내가 쓰는 말이 너무 평범하지 않나?

STEP 2. 존재의 문장 쓰기

설명: 그 순간 떠오른 감정을 존재의 언어로 바꿔 한 문장으로 써 보라.

예시: 나는 사라지지 않기 위해 오늘도 문장을 남긴다.

STEP 3. 완벽주의 내려놓기 선언문

설명: 오늘 하루 내가 쓸 수 있는 가장 정직한 문장을 적어 보라.

예시: 나는 지금 이 말이 부끄럽지만, 감추지 않기로 한다.

STEP 4. 칸트 읽기 회복 루틴 설계

설명: 쓰기 싫은 날에 대비해 칸트를 읽는 나만의 루틴을 만들어 보라.

예시: ① 칸트 문장 한 줄 필사 → ② 오늘 가장 회피하는 질문 쓰기 → ③ 내 존재 확인 문장 한 줄

STEP 5. 나의 회복 선언

설명: 글이 안 써지는 날, 내가 나를 위해 남길 한마디를 미리 적어 두라.

예시: 오늘은 쓰지 못해도, 생각은 멈추지 않았다. 내일 나는 다시 쓸 것이다.

STEP 6. 칸트 명언

- 자유란 자율성이다. 스스로에게 법을 부여하는 능력이다.
- 내 마음이 늘 새롭고 커지는 경이와 경외로 채우는 2가지가 있다. 그것은 내 머리 위의 별이 빛나는 하늘과 내 안의 도덕법칙이다.
- 생각 없는 직관은 맹목이고 직관 없는 생각은 공허하다.

핵심 메시지

1) 나의 글쓰기 불안 자각하기 > 글을 쓰기 어려운 순간을 떠올리고, 그때의 감정과 생각을 적어 보라.

2) 존재의 문장 쓰기 > 그 순간 떠오른 감정을 존재의 언어로 바꿔 한 문장으로 써 보라.

3) 완벽주의 내려놓기 선언문 > 오늘 하루 내가 쓸 수 있는 가장 정직한 문장을 적어 보라.

4) 칸트 읽기 회복 루틴 설계 > 쓰기 싫은 날에 대비해 칸트를 읽는 나만의 루틴을 만들어 보라.

5) 나의 회복 선언 > 글이 안 써지는 날, 내가 나를 위해 남길 한마디를 미리 적어 두라.

12장

칸트가 나의 편집자라면

삶은 끝이 없는 퇴고 과정이다. 이 장에서 고쳐 쓰는 글과 고쳐 쓰는 나를 숙고해 볼 수 있는 시간을 가질 것이다. 삶은 한 번에 완성되지 않는다. 글도 한 번에 완성되지 않는다. 당연하다. 좋은 글은 잘 쓰인 글이 아니라, 잘 고쳐진 글이기 때문이다.

『칸트처럼 생각하기, 칸트처럼 글쓰기』의 마지막 장인 12장인 '칸트가 나의 편집자라면'은 글을 고친다는 행위가 단순한 문장 수정을 넘어, 사유의 숙성, 판단의 재검토, 존재의 재편집이라는 점을 철학적으로 밝힌다.

퇴고

글을 고친다는 것은 단지 문장을 매끄럽게 다듬는 것이 아니다. 그 문장이 정확한 판단을 담고 있는지, 타인을 해치지 않는지, 불필요하게 감정을 소모하고 있지 않은지, 스스로에게 질문하고 책임지는 일이다.

칸트가 나의 편집자라면 이렇게 물을 것이다

이 문장은 보편화 가능한가?

이 판단은 책임질 수 있는가?
너는 지금 진실을 말하고 있는가?

이 장에서 배우게 될 것
글을 고친다는 것은 삶을 다시 구성하는 일이다. 수정은 곧 사유의 정리이자 나 자신의 조율이다. 문장을 다시 쓴다는 건, 어제의 나와 오늘의 내가 대화하는 철학적 행위다.

비문을 판단으로 바꾸는 기술
문장 속 모호한 표현, 회피하며 숨긴 말, 감정적인 서술, 책임 없는 단어들을 명확한 개념과 판단의 문장으로 전환하는 방법을 소개한다.

고쳐 쓰는 글, 고쳐 쓰는 삶
글을 쓰는 것은 멈춘 나를 움직이는 일이고, 글을 고치는 것은 흐트러진 나를 다시 세우는 일이다. 글쓰기의 마지막 태도, 곧 '편집의 정석'을 강조하며 책을 마무리한다.

핵심 메시지
완벽한 글은 없지만, 완벽하게 책임지는 글은 있다. 글을 고친다는 것은, 존재를 조금 더 명료하게 편집하는 행위이며, 우리가 쓰는 문장 하나하나에 철학적 입장을 담는 일이다.

이제 글을 쓰는 당신에게 필요한 것은 더 많은 단어가 아니라 더 정직한 수정이다. 더 빠른 속도가 아니라 더 깊은 점검이다. 그 점검을 함께 할 편집자가 바로 철학자 칸트다.

1절. 칸트식 퇴고의 정석

문장을 고친다는 것은 단순한 수정 작업인가? 아니면 사유를 정제하는 철학적 실천인가? 이 절에서는 칸트의 비판철학을 모델 삼아, 글 고치기의 미학적 태도를 탐색한다.

1. 칸트식 글 고치기1: 사유의 점검과 재구조화

띄어쓰기를 수정하고, 어순을 바꾸고, 표현을 부드럽게 다듬는 것도 중요하지만 글 고치기의 핵심은 사유의 오류, 판단의 비약, 개념의 흐림을 바로잡는 일이다.

→ 글을 고친다는 건, 사유를 고치는 일이다.
→ 그 행위는 철학적이며 치열한 자기 점검이다.

2. 칸트식 글 고치기2: 명료성에 대한 집착

칸트는 『순수이성비판』 초판이 나온 뒤, 비판을 수용하고 180페이지가 넘는 서문과 보충 문단을 추가해 다시 출간했다. 그는 인정했다.

"나는 내 문장이 어렵다는 것을 안다. 그러나 난해함은 철학의 정직성 때문이다."

칸트는 문장을 고칠 때, 사유의 정직함이 유지되고 있는가를 기준으로 삼았다.

3. 칸트의 글 고치기3 - 글쓰기 윤리

이 표현은 독자를 속이지 않는가? > 감정 과잉, 근거 생략 방지

이 문장은 내가 실제로 한 판단인가? > 사유의 정직성 점검

이 판단은 지금도 내 생각인가? > 변화된 관점 반영

글 고치기의 핵심은 더 멋지게가 아니라, 더 정확하고 정직하게 쓰는 것이다.

4. 칸트의 글 고치기4 - 글 고칠 때 지켜야 할 미학적 태도 3가지

겸손 > 내 생각도 틀릴 수 있음을 인정 > 독자와의 거리 좁힘

인내 > 사유를 다시 풀어 가는 반복 허용 > 문장의 밀도 향상

절제 > 지나친 수사 대신 구조 유지 > 판단의 힘이 살아남

→ 미학은 스타일이 아니라 사유의 질감이자 태도다.

5. 글 고치기 철학 실천법: '칸트식 편집표'

표현 > 감정이 과잉되진 않았나?

구조 > 생각이 논리적으로 흘렀는가?

판단 > 결론이 회피되고 있진 않나?

개념 > 핵심 개념이 명확한가?

독자 > 독자가 나와 함께 생각할 수 있게 썼는가?

내 글 고치기 철학 선언 사례

내가 자주 감추는 판단은 무엇인가? > 나는 사실 실패를 두려워한다.

그 판단을 명확히 쓴 문장은? > "나는 실패를 피하려고 변죽만 두드릴 때가 많다."

지금 수정해야 할 문장은? 〉 "아마 그럴 수도 있다고 생각해."
더 정확한 표현은? 〉 "나는 그 방식이 틀렸다고 판단한다."

정리

글을 고친다는 건, 나의 사유가 지금 이 순간에도 살아 있다는 증거다. 편집이란 꾸밈이 아니라 생각을 정직하게 다시 말하려는 시도다.

"문장은 꾸미는 게 아니다. 문장은 고치는 것이다. 그리고 그 고침 속에 철학이 있다."

2절. 비문을 판단으로 바꾸는 법

내 문장은 왜 흐릿할까? 어떤 문장은 도무지 중심이 없을까? 이 절은 비문(非文)의 철학적 원인을 분석하고, 그것을 명료한 판단의 문장으로 바꾸는 방법을 제시하는 훈련의 장이다.

1. 비문은 문장 기술이 아니라 사유 구조의 문제다

비문은 단순히 문장이 어색하다는 뜻이 아니다. 사유의 순서가 혼란스럽고, 판단이 생략되었기 때문에 비논리적이다.

겉으로 보이는 문제 〉 실제 문제
문장 길이가 너무 길다. 〉 중심 판단 없이 감정과 수식어만 나열
문장이 끝나지 않는다 〉 판단의 도착점이 없다.
주어와 서술어가 서로 안 맞는다. 〉 '누가', '무엇을' 말하는지가 불분명
비문은 사유가 정리되지 않았다는 신호다.

2. 칸트가 비문을 피한 방식: 인식 구조의 고수

비문을 피하기 위해 칸트는 항상 다음 순서를 지켰다.

감성 → 직관 → 개념 → 판단 → 이성

이 순서를 문장에도 적용하면, 어떤 감각에서 출발했는지, 어떤 개념이 도출됐는지, 결국 어떤 판단에 이르렀는지가 분명해진다.

글은 생각의 구조를 보여 주는 지도여야 한다.

3. 비문을 판단형 문장으로 바꾸는 3단계

① 감정 적기 > 지금 무슨 감정을 느끼는가? > 글의 출발점
② 판단 뽑기 > 그 감정은 어떤 판단에서 나온 것인가? > 글의 중심 뼈대
③ 판단으로 재서술 > 그 판단을 명료한 한 문장으로 쓸 수 있는가? > 완성된 주 문장

4. 흐릿한 문장을 판단형 문장으로 바꾸기

흐릿한 문장:

"요즘 뭔가 너무 많은 게 한꺼번에 몰려와서 숨이 막히는 것 같고, 그냥 다 내려놓고 싶기도 하고, 그런데 또 그러기엔 뭔가 아깝고…"

분석:

감정: 답답함, 무기력
판단 없음: 무엇이 원인인지 명확하지 않음
시점, 개념 불분명

판단형 문장으로 재작성:
"나는 지금 의미 없이 쌓이는 일들이 내 에너지를 갉아먹고 있다고 판단한다."

판단이 들어간 순간, 독자는 '무엇을 느꼈는가'가 아니라 '무엇을 주장하는가'를 듣게 된다.

5. 판단형 문장의 기준 3가지
① 명료성 > 무엇에 대해, 어떤 입장을 갖고 있는가?
② 주체성 > 나는 무엇을 생각하고 있는가?
③ 응답성 > 독자가, "그래서 어쩌란 말인가?"를 묻지 않게 해야 함.

비문 → 판단형 문장으로 재구성하기
감정 중심 문장 > "요즘 너무 복잡하고 뭐가 뭔지 모르겠어."
그 감정의 판단 근거 > 계획 없이 일만 쌓이고 있다.
판단형 문장 재작성 > "나는 일이 많아서가 아니라, 정리가 되지 않기 때문에 지치고 있다."

정리
비문은 감정에 머물고, 판단이 빠진 문장이다. 판단형 문장은 존재 가치를 세우고, 독자를 움직이는 문장이다.

비문을 고친다는 것은, 흐릿한 생각을 명료한 생각으로 바꾸는 일이다. 문장이 아니라 존재가 정리된다.

3절. 고쳐 쓰는 글, 고쳐 쓰는 삶

왜 우리는 글을 고치면서 부끄러움을 느낄까? 왜 고치는 과정에서 "처음부터 잘 썼어야 했는데"라며 자책할까? 이 절은 글을 고치는 행위가 단지 편집이 아니라, 존재의 갱신이고 사유 훈련임을 드러낸다.

1. 글을 고친다는 건 삶을 다시 살아내는 일이다

한 문장을 다시 고쳐 쓴다는 것은, 그 순간의 생각을 다시 보는 것이고, 그때의 내가 아닌 지금의 나로 한 번 더 살아 보는 일이다.

어제 쓴 문장을 다시 본다. 부끄러워진다. 이유는 간단하다. 지금의 내가 달라졌기 때문이다. 수정은 후퇴가 아니라, 진화다. 고쳐 쓰는 삶은, 더 나은 나로 살아 보려는 시도다.

2. 칸트의 편집 정신: 정합성에 대한 집착

칸트는 『순수이성비판』 초판이 출간된 뒤, 독자들의 피드백과 스스로의 사유를 다시 정리하며 재판본 전체를 고쳐 썼다. 그는 한 문장을 놓고도 '개념의 일관성이 있는가?', '오해의 여지는 없는가?', '다음 문장과 연결되는가?'를 따져 가며 철학이 흔들리지 않도록 문장을 고쳤다.

문장은 사유의 뼈대였고, 그 뼈대를 세우는 작업이 곧 자기를 고치는 일이었다.

3. 글을 고칠수록, 나는 조금 더 나다워진다

처음 쓴 글은 감정이 많고 생각이 적다. 고쳐 쓴 글은 감정이 줄고 판단이 선명해진다. 그 말은 이렇게도 바꿔 쓸 수 있다.

처음 쓴 글은 '내가 느낀 것'이고,
고쳐 쓴 글은 '내가 생각한 것'이며,
마지막 글은 '내가 선택한 나의 모습'이다.
글을 고친다는 건, 수정이 아니라 정체성 편집이다.

4. 고쳐 쓴 글은 독자에게 다르게 읽힌다
초고 > 감정적, 솔직함 > 그러나 미완성된 느낌
수정 1차 > 구조가 보임 > 생각이 선명해짐
최종본 > 판단이 읽힘 > 독자가 신뢰함
독자는 완벽한 문장을 기억하지 않는다. 하지만 문장을 고쳐 나간 사람의 진심을 기억한다.

5. 삶도 그렇게, 고쳐 쓰면 된다
오늘 한 말이 부끄럽다면, 내일은 다른 말로 살아가면 된다. 지금 한 선택이 어설펐다면, 다음에는 다르게 판단하면 된다.
중요한 건, 고쳐 쓰는 용기다. 우리는 고쳐 쓰는 사람이고, 그 고침 속에 내가 있다.

고쳐 쓰는 나의 문장
최근 내가 쓴 부끄러운 문장 > 예: "난 그냥 그런 사람이야."
그 문장을 다시 쓴다면? > "나는 지금 그렇게 살고 있지만, 바꾸고 싶은 사람이기도 하다."
그 판단은 어떤 나를 보여 주는가? > "스스로를 정의하려는, 변화하고 싶은 나"

앞으로 나는 어떤 문장을 쓰고 싶은가? > "나는 고쳐 쓰는 삶을 택한 사람이다."

정리

글은 끝나지 않는다. 나도 마찬가지다. 매일 우리는 조금씩 생각을 고치고, 문장을 다듬고, 나를 다시 써 내려간다.

고쳐 쓰는 글이 아름답듯, 고쳐 사는 삶도 철학적이다. 그리고 그것이 나라는 작품을 완성시킨다.

12장 종합 실전 워크북

STEP 1. 고치기 전 내 문장의 상태 점검

설명: 최근 쓴 문장에서 어색하거나 부정확하다고 느낀 부분을 표시해 보라.

예시:

문장: "다들 나를 무시하는 것 같아." → 감정 표현은 강하지만 판단 없음

STEP 2. 윤리적 편집 질문 던지기

설명: 내 문장이 독자를 속이지 않는지, 회피하지 않았는지 점검해 보라.

예시: 이 문장은 판단을 유예하고 있는가? → 예: '~일지도 모른다'는 표현

STEP 3. 비문을 판단형 문장으로 바꾸기

설명 : 감정에서 출발한 흐릿한 문장을 판단 문장으로 고쳐 써 보라.

예시: "요즘 너무 지친다." → "나는 방향을 잃었을 때 쉽게 지친다."

STEP 4. 고쳐 쓰는 삶 실습

설명: 최근의 말/행동 중 바꾸고 싶은 표현을 문장으로 다시 써 보라.

예시:

원래 말: "그냥 포기할래." → 바꾼 문장: "지금은 멈추지만, 방향을 다시 잡을 것이다."

STEP 5. 나의 문장 윤리 선언문

설명: 앞으로 글을 쓸 때 지키고 싶은 사유의 윤리를 문장으로 적어 보라.

예시: "나는 감정보다 판단을 먼저 확인하고 쓰겠다. 나의 문장은 누군가의 사유로 이어질 것이기 때문이다."

예시

문장: "요즘 너무 지친다." → "나는 방향을 잃었을 때 쉽게 지친다."

원래 말: "그냥 포기할래." → 바꾼 문장: "지금은 멈추지만, 방향을 다시 잡을 그날이 반드시 온다."

나는 감정보다 판단을 먼저 확인하고 쓰겠다. 나의 문장은 누군가의 사유로 이어질 것이다.

핵심 메시지
자신의 문장을 점검하며 사유의 흐름을 인식하기
윤리적 편집 질문을 통해 판단을 회복하기
비문을 철학적 판단 문장으로 고쳐 쓰기
삶 속 표현을 재구성해 '고쳐 사는 삶' 실습하기
자기만의 문장 윤리 선언으로 글쓰기 기준 만들기

에필로그

  글을 쓴다는 것은 나의 삶과 세상을 사유하는 방식이다.
  책상 앞에 앉아, 단 하나의 문장을 쓰기 위해 머뭇거렸던 모든 날들. 그 시간이 헛되지 않았음을 이제는 말할 수 있다.
  이 책은 철학자의 이론서를 따라 쓴 것이 아니다. 한 사람의 존재가 매일의 글쓰기 속에서 사유로 정련되어 가는 과정을, 탐험한 기록이다.

  다음과 같은 질문을 던진다.

  "나는 왜 쓰는가?"
  "나는 무엇을 판단하고 있는가?"
  "내가 쓴 문장은 나의 존재를 드러내고 있는가?"

  그 질문에 대한 응답은 하나의 정답이 아니라 계속해서 써 나가야 할 문장들이었다.
  칸트는 인식의 철학자였지만, 이 책에서 우리는 그를 글쓰기의 편집자로 불러 냈다. 그는 언제나 묻는다.

"그 생각은 명확한가?"
"그 판단은 보편적인가?"
"그 문장은 너의 존재를 드러내는가?"

이 질문들 덕분에 우리는 '잘 쓰는 글'을 넘어 '진실하게 존재하는 글'에 도달할 수 있다. 이 책을 덮는 지금, 당신은 더 이상 글쓰기 초심자가 아니다.
당신은 이제, '사유로 살아가는 사람'이다.

그리고, 꼭 기억하길. 완벽한 문장은 잊히지만 진심이 담긴 문장은 누군가의 삶을 바꾼다. 세상은 거대한 판단으로 구성되어 있다. 그 판단에 스스로의 문장으로 응답하는 사람이 곧, 철학자다. 작가다. 그리고 당신이다.
이제 책 속 문장들과 함께 세상으로 나아가라.

세상은 당신의 문장을 기다리고 있다.
당신의 글이, 누군가의 사유가 되기를.

『칸트처럼 생각하기, 칸트처럼 글쓰기』
끝.

부록1

칸트의 12범주 요약표 & 글쓰기 적용 가이드

범주는 무엇인가?

칸트는 인간이 세상을 인식하기 위해 사용하는 지성의 틀을 12가지로 정리했다. 이 12범주는 우리가 세상을 바라보고 이해하고 판단하는 사고의 좌표계이다. 우리가 글을 쓸 때도 이 범주들은 무의식적으로 작동한다. 따라서 이 범주들을 의식적으로 활용하면, 글은 단단해지고, 생각은 질서를 갖추며, 문장은 더 이상 흘러 버리지 않고 중심을 잡는다.

칸트의 12범주 요약표

양

단일성 > 하나인가? > 단일 사례 또는 개인의 이야기로 시작하기
복수성 > 몇 개인가? > 두세 가지 사례, 입장을 나란히 비교하기
전체성 > 전체를 말하는가? > 보편적인 경향이나 사회 전체를 진단하는 글

질

존재성 > 실제로 존재하는가? > 구체적 경험이나 관찰을 중심으로 글을 구성

부정성 > 존재하지 않음을 어떻게 알 수 있는가? > 결핍, 누락, 회피된 내용을 분석하는 글쓰기

제한성 > 어느 정도까지만 가능한가? > 조건부 진술과 맥락 설정을 중심에 둔 글쓰기.

관계

실체와 속성 > 본질은 무엇이고 부수적 성질은 무엇인가? > 핵심 개념과 부가적 요소를 구분하는 글쓰기

원인과 결과 > 왜 그렇게 되었는가? > 인과 관계 중심의 글쓰기 구조

상호작용 > 서로 영향을 주고받는가? > 두 개념 또는 인물 간의 상호작용 분석 글쓰기

양태

가능성 > 가능성만 있는가? > 일어날 수 있는 시나리오나 상상적 서술

현실성 > 지금 실제로 일어나고 있는가? > 현재 벌어지는 현상을 진단하고 묘사하는 글

필연성 > 반드시 그래야 하는가? > 강력한 주장과 결론 도출이 필요한 논리 글쓰기

글쓰기 적용 가이드

1) 문장이 흐릿할 때 → 양 범주를 활용하라

문장의 초점이 흐릿하다면, 당신의 글이 하나의 사례를 말하고 있는지, 여러 관점을 병치하고 있는지, 사회 전체를 진단하고 있는지를 점검하라.
→ 글의 스케일을 조절하는 데 탁월하다.

2) 주제에 생동감을 주고 싶다면 → 질 범주를 활용하라
당신의 말이 실제로 존재하는 일인지, 존재하지 않음을 분석하는 것인지, 혹은 특정 조건 아래서만 성립하는 이야기인지 분명히 하라.
→ 주장의 타당성과 현실감을 강화한다.

3) 논리를 강화하고 싶다면 → 관계 범주를 활용하라
글의 흐름이 논리적으로 전개되지 않을 때는 그 개념의 본질(실체)과 부차적 속성(수식)을 분리하고, 원인과 결과를 명확히 연결하라. 또한 인물이나 개념 간의 상호작용을 묘사하면 글이 풍부해진다.
→ 구조적 논리력과 설득력을 키워 준다.

4) 주장의 무게를 조정하고 싶다면 → 양태 범주를 사용하라
가능성의 진술인지, 현실의 묘사인지, 아니면 필연적 명제인지 구분하라.
→ 글의 신뢰도와 긴장도를 조율할 수 있다.

실제 문장 적용 예시
"요즘 사람들은 인간관계가 힘들다고 느낀다." → 전체성 + 현실성

"나는 단 한 번의 경험으로 확신하게 되었다." → 단일성 + 필연성

"이 문제가 발생한 것은 개인의 선택 때문이라기보다, 구조적 원인이 더 크다." → 원인과 결과 + 실체와 속성

"이 현상은 지금은 드물지만, 앞으로 보편화될 가능성이 크다." → 복수성 + 가능성

정리

칸트의 12범주는 철학 교과서 속 개념이 아니라, 글을 설계하는 구조적 사고틀이다. 생각을 분류하고 배열할 수 있는 이 도구는 당신의 문장이 흘러버리지 않게 하며, 판단 없는 감정 서술에서 논리 있는 철학적 글쓰기로 도약하게 해 준다.

12범주를 의식하며 글을 쓰는 순간, 당신의 문장은 깊이와 구조, 그리고 책임을 얻게 된다.

부록2

글쓰기 점검을 위한 철학적 질문 카드 12세트

글을 쓰기 전 또는 후, 각 범주별 질문을 활용해 사유의 방향과 문장의 윤리를 점검한다. 질문은 사고의 구조화 + 표현의 명료화 + 판단의 책임감을 함께 훈련한다. 매일 하나의 범주 카드를 뽑아 오늘의 질문으로 활용해도 좋다.

1. 양(量) 범주 질문 카드

① 단일성 질문 카드
나는 이 글에서 하나의 명확한 사례를 말하고 있는가?
이 문장의 대상은 구체적인 한 사람 혹은 한 사건인가?
너무 많은 것을 말하려다 핵심이 흐려지진 않았는가?

② 복수성 질문 카드
두 가지 이상의 관점을 나란히 보여 주고 있는가?
서로 다른 의견을 균형 있게 다루었는가?

나의 문장은 비교와 대조를 통해 더 선명해졌는가?

③ 전체성 질문 카드
나는 모든 사람, 대부분이라는 말을 책임질 수 있는가?
이 문장은 지나친 일반화를 포함하고 있지 않은가?
나의 논의는 충분히 포괄적이고 근거 있는가?

2. 질(質) 범주 질문 카드

④ 존재성 질문 카드
이 글은 실제로 존재하는 문제를 다루고 있는가?
내가 쓴 문장은 구체적인 사실이나 경험에 기반하고 있는가?
독자는 이 글을 실제로 일어나는 일로 받아들일 수 있는가?

⑤ 부정성 질문 카드
나는 어떤 결핍이나 누락을 말하려 하고 있는가?
이 글은 부재의 감각, 상실, 비판을 명확히 설명하고 있는가?
독자는 없음을 통해 무엇을 더 인식할 수 있는가?

⑥ 제한성 질문 카드
이 판단은 어떤 조건 아래에서만 성립하는가?
내 주장은 언제나, 항상이라는 표현을 피하고 있는가?
나는 맥락에 따라 변할 수 있는 사실임을 인정하고 있는가?

3. 관계 범주 질문 카드

⑦ 실체와 속성 질문 카드
내가 쓰는 개념의 본질은 무엇이고, 꾸밈은 무엇인가?
문장 속에서 가장 중요한 핵심어는 무엇인가?
나는 부수적인 장식보다 중심 개념을 분명히 했는가?

⑧ 원인과 결과 질문 카드
나는 어떤 원인이 이 현상을 만들어 냈다고 보는가?
내 글은 인과 관계를 논리적으로 제시하고 있는가?
독자가 이 흐름을 따라갈 수 있을 만큼 충분한 설명이 있는가?

⑨ 상호작용 질문 카드
이 글에서 다루는 두 요소는 어떻게 영향을 주고받는가?
나는 관계의 일방향성이 아닌 상호성을 다루고 있는가?
독자가 이 상호작용을 이해하며 공감할 수 있는가?

4. 양태 범주 질문 카드

⑩ 가능성 질문 카드
내가 쓴 문장은 아직 일어나지 않은 가능성을 말하는가?
지나치게 단정하지 않고, 열어 둔 서술을 하고 있는가?
이 가능성은 어떤 근거를 바탕으로 하고 있는가?

⑪ 현실성 질문 카드
이 문장은 지금 현재의 사실을 반영하고 있는가?
나는 실제로 벌어지는 현상을 정확하게 진술하고 있는가?
글 전체가 지금-여기의 맥락을 충분히 담고 있는가?

⑫ 필연성 질문 카드
이 문장은 반드시 그래야만 한다는 필연적 판단을 포함하는가?
나는 이 필연을 독자에게 납득시킬 충분한 논리를 제공했는가?
내 판단은 보편화할 수 있는 기준을 포함하고 있는가?

활용 팁
글 쓰기 전: 오늘 다룰 주제에 가장 적합한 범주 카드를 선택하고, 질문에 먼저 답해 보라.
글 쓴 후: 문장을 하나씩 점검하며 각 범주의 질문을 대입해 보세요. 불필요한 감정, 판단 누락, 논리 비약을 발견하게 된다.

정리
철학적 질문은 문장을 더 단단하게 만들고, 질문을 점검하는 습관은 생각을 더 명료하게 만든다. 이 12개의 카드가 당신의 문장을 더 윤리적이고, 더 논리적이며, 더 철학적인 글로 이끌어 줄 것이다.

부록3

철학적 글쓰기를 위한 문장 윤리 선언문

서문: 왜 글쓰기에도 윤리가 필요한가

우리는 매일 수많은 문장을 쓴다. 하지만 그 문장이 어떤 판단에 기반했는지, 누구에게 영향을 줄 수 있는지, 내가 그 문장에 어떤 책임을 질 수 있는지 묻지 않은 채 쓰고 있지는 않은가?

글쓰기에는 생각의 구조뿐 아니라 판단의 윤리, 표현의 정직성, 존재의 태도가 담겨야 한다. 그래서 이제, 나는 다음과 같은 글쓰기 윤리를 내 안에 선언하고자 한다.

문장 윤리 선언문 예시

나는 생각 없이 쓰지 않겠다. 문장은 판단이며, 판단은 사유의 결과다. 따라서 나는 무의식적으로 흘려 쓰는 대신, 내가 왜 이 문장을 쓰는지 스스로 묻고 응답하겠다.

나는 말보다 문장에 더 깊은 책임을 지겠다. 말은 사라지지만, 문장은 남는다. 그래서 나는 내 글이 세상에 던지는 파장을 자각하며 쓰겠다.

나는 사실보다 판단을 먼저 점검하겠다. 내가 본 것, 들은 것, 느낀 것을 그대로 쓰기보다, 그것을 어떻게 판단했는지를 먼저 밝히겠다.

나는 논리의 순서를 존중하겠다. 감정이 아니라 구조로, 인상적인 문장보다 명료한 흐름을 먼저 세우겠다.

나는 문장 속에 타인을 함부로 불러들이지 않겠다. 모든 비판은 구조를 향하고, 누구의 이름도 비난과 조롱의 도구로 쓰지 않겠다.

나는 모호한 표현을 경계하겠다. '그냥', '다들', '아무도' 같은 말로 나의 책임을 흐리지 않겠다. 문장 하나에도 기준을 세우고, 입장을 정리하겠다.

나는 내가 쓴 문장을 다시 읽고 당당할 수 있도록 쓰겠다. 언젠가 나에게 돌아올 문장이기에, 부끄럽지 않게, 회피하지 않게, 지금 여기서 정직하게 쓰겠다.

나는 고치는 글쓰기를 포기하지 않겠다. 처음 쓴 글이 완벽할 수 없다. 고쳐 쓰는 것은 고쳐 사는 것이다. 나의 문장을 단련하며 나 자신도 정제하겠다.

나는 문장이 나를 만든다는 사실을 잊지 않겠다. 내가 쓰는 한 문장이, 내 사고의 중심을 드러내고, 내 존재의 윤곽을 형성한다는 사실을 늘 기억하겠다.

나는 문장 너머의 책임을 끝까지 인식하겠다. 글을 읽는 이는 내가 상상하는 사람보다 더 많고, 문장의 맥락은 언제든 재구성된다. 그러므로 나는 지금, 이 문장을 쓰는 이 순간에 내가 할 수 있는 가장 윤리적인 방식으로 글을 남기겠다.

정리

글쓰기는 단순한 창작이 아니다. 글은 존재의 방식이고, 문장은 철학의 발현이며, 쓰는 행위는 세상과의 계약이다.

이 선언문을 가슴에 새기며 나는 쓴다. 보다 명확하게, 보다 윤리적으로, 보다 철학적으로.

부록4

칸트 주요 저서 연표와 인생 타임라인

칸트 생애의 주요 흐름 요약

연도	연령	사건 및 활동	철학적/글쓰기 전환점
1724	0세	프로이센 쾨니히스베르크에서 출생	엄격한 개신교 교육, 경건주의 영향
1740	16세	쾨니히스베르크 대학교 입학 (신학, 수학, 철학 전공)	라이프니츠와 볼프 철학, 뉴턴 역학 학습
1755	31세	박사 학위 취득 후 '프라이바트 도첸트(사강사)' 활동 시작	초기 저작 활동 시작 (자연과학·형이상학논문발표)
1766	42세	국립도서관 사서 임명	학문적 안정을 얻고 사유 체계 정립 시작
1781	57세	『순수이성비판』 출간	근대철학의 혁명, 비판철학의 시작
1788	64세	『실천이성비판』 출간	도덕철학의 기초 정립: 의무 윤리 등장
1790	66세	『판단력비판』 출간	미학과 목적론의 통합: 이성의 완결

1793	69세	『종교 내의 종교』 출간	자유와 도덕, 종교적 실천의 관계 탐구
1795	71세	『영구평화를 위하여』 출간	정치철학, 국제 윤리의 선구적 기획
1797	73세	『도덕형이상학 정초』, 『법론』, 『덕론』 등	칸트 윤리철학의 체계화 단계
1804	79세	사망	마지막까지 철학노트를 손에서 놓지 않음

칸트 주요 저서 요약 및 글쓰기 적용 관점

1) 『순수이성비판』, (1781)
핵심 주제: 인간 이성은 어떤 방식으로 사물을 인식하는가?
핵심 구조: 감성 → 직관 → 개념 → 판단 → 이성
글쓰기 적용: 사유의 흐름을 따라 문장을 세우는 법을 배울 수 있음

2) 『실천이성비판』, (1788)
핵심 주제: 인간은 도덕적으로 어떻게 살아야 하는가?
핵심 원리: 행위는 보편화 가능한 원칙(정언명령)에 따라야 한다.
글쓰기 적용: 윤리적 책임을 지는 문장을 쓰는 데 중심 지침이 됨

3) 『판단력비판』, (1790)
핵심 주제: 미와 숭고는 어떻게 인식되는가? 목적 있는 자연이 가능한가?
글쓰기 적용: 글의 미학적 구성과 조화, 전체 구조를 보는 눈을 기름

4) 『영구평화를 위하여』, (1795)

핵심 주제: 국제적 평화를 위한 조건은 무엇인가?

글쓰기 적용: 정치적·사회적 논평 글쓰기의 윤리적 모델로 활용 가능

5) 『도덕형이상학 정초』, 『덕론』, (1797)

핵심 주제: 도덕은 법과 어떻게 다르며, 덕은 어떻게 실천되는가?

글쓰기 적용: 글쓰기 주체로서의 태도, 사유의 도덕성 강화

부록5

칸트식 사고 훈련 워크시트
(생각을 구조화하고 문장으로 정돈하는 철학 실습표)

사용 목적

이 워크시트는 칸트의 인식 구조(감성 → 직관 → 개념 → 판단 → 문장)를 글쓰기 사고 과정에 실제 적용하도록 돕기 위해 제작되었다.

혼란스러운 생각을 질서 있는 문장으로 전환하는 훈련지이다. 자기 글을 스스로 점검하거나, 글쓰기 수업에서 활용할 수 있다.

워크시트 구성

STEP 1. 감성(감각 자료) 포착하기

지금 떠오르는 현실의 장면 또는 경험을 하나 떠올려 보라.
"언제?"
"어디서?"
"무엇을 보았는가?"
"어떤 감정을 느꼈는가?"

(예: 카페에서 혼자 글을 쓰는 중, 주위 대화에 자꾸 시선이 흐트러짐. 외로움과 분노가 동시에 올라옴. 하지만 집중하고 싶다는 욕망도 함께 있었음.)

STEP 2. 직관(개별적 형상)으로 묘사하기

그 감각을 구체적인 이미지나 장면으로 그려 보라. 시각적으로 묘사하면 어떤 모습인가? 한 문장으로 표현해 보라.

(예: 커피잔 위로 증기가 피어오르는데, 마음은 복잡하게 휘감긴 선처럼 흐트러진다.)

STEP 3. 개념 도출하기

이 장면은 어떤 핵심 개념을 포함하고 있는가?

고립?

집중?

방해?

자유?

불안?

인정받고 싶은 욕구?

(예: 이 장면은 방해받는 자유라는 개념으로 요약될 수 있다.)

STEP 4. 판단 구성하기

그 개념에 대해 당신은 어떤 입장을 취하는가?

→ "나는 이 상황이 ___ 때문이라고 판단한다."

→ "이런 일이 반복되는 이유는 ___ 때문이다."

→ "이 개념은 __ 상황에서 특히 중요하다."

(예: 나는 집중하지 못하는 이유가 외부 소음 때문이 아니라, 내 내면이 아직 글쓰기를 삶의 중심으로 놓지 못했기 때문이라 판단한다.)

STEP 5. 문장화하기

지금까지의 내용을 바탕으로 단 하나의 판단형 문장으로 정리해 보라. 이 문장이 오늘의 핵심 사유 문장이 된다.

→ "집중은 외부 환경이 아니라, 내가 나를 어디에 놓느냐의 문제다."

확장 실습: 12범주로 문장 점검하기

작성한 문장을 다음의 질문에 따라 다시 점검해 보라.

"이 문장은 단일한 사례인가, 보편적 진술인가?" (양)
"현실에 기반하고 있는가, 가능성을 말하는가?" (질/양태)
"원인과 결과는 명확히 연결되어 있는가?" (관계)
"이 판단은 보편화 가능한가?" (양태/윤리)

워크시트 요약(단계 → 질문 → 결과물)

감성 → 무엇을 경험했는가? → 감각 묘사
직관 → 어떤 장면으로 떠오르는가? → 구체적 이미지
개념 → 핵심 단어는 무엇인가? → 1~2개 개념어
판단 → 당신의 입장은 무엇인가? → 입장 서술
문장화 → 한 문장으로 말하면? → 핵심 판단형 문장

정리

글의 구조가 뼈대를 갖게 된다. 생각이 감정에서 판단으로 나아간다. 문장이 당신의 철학적 입장을 담게 된다. 글쓰기 자체가 자기 인식이 된다. 이제 당신은 문장을 통해 세상을 읽고, 세상에 응답하는 사람이 된다.

'칸트처럼 사유하고, 나처럼 쓴다는 것.' 이 워크시트가 그 하루의 훈련이 되기를 바란다.

부록6

수필모음

6.1 마주친 눈빛

오늘 아침 지하철에서 옆자리 노인이 천천히 내게 다가왔다. 처음엔 그저 막연한 느낌이었다. 누군가 나를 보고 있다는, 설명하기 어려운 그런 기운 말이다. 아침 출근길의 지하철은 늘 그렇듯 사람들로 가득했고, 모두들 마스크를 쓴 채 제각각 다른 곳을 바라보고 있었다.

그런데 그 노인만은 달랐다. 사람들로 꽉 찬 출근길, 마스크를 쓴 채 무표정한 얼굴들 속에서 유일하게 내 눈을 바라본 사람이었다. 나는 그 시선을 느꼈다. 처음엔 당황스러웠다. 요즘 사람들은 지하철에서 서로 눈을 마주치는 일이 거의 없지 않은가. 특히 모르는 사람과는 더더욱.

그 시선에는 어떤 불만도, 요청도 느껴지지 않았지만, 분명히 나를 바라보고 있었다. 뭔가를 달라고 하는 것도 아니고, 불편하다고 째려보는 것도 아니었다. 그냥 바라보고 있었다. 한 사람이 다른 사람을 바라보는, 그 이상도 이하도 아닌 순수한 시선이었다.

나는 무심히 눈을 피했다. 그 순간, 나는 자신이 부끄러웠다. 왜 그랬을까? 딱히 잘못한 것도 없는데 말이다. 하지만 분명히 부끄러웠다. 마치 뭔가 소중한 것을 놓쳐 버린 것 같은 기분이었다.

나는 얼마나 오랫동안 시선을 피하는 삶을 살아왔는지도 모르겠다. 언제부터였을까? 엘리베이터에서 다른 사람과 눈이 마주치면 슬쩍 핸드폰을 보고, 길에서 누군가와 시선이 마주치면 자연스럽게 다른 곳을 바라보는 것이 습관이 되었다. 그것이 예의라고 생각했고, 그렇게 사는 것이 서로에게 편하다고 여겨 왔다.

하지만 그 노인의 시선 앞에서 나는 깨달았다. 내가 피하고 있는 것은 단순히 불편함이 아니라 진짜 만남 그 자체였다는 것을. 일상에서 우리는 무관심이라는 갑옷을 입고 산다. 너무 많은 사람들과 부딪히니까, 모든 사람에게 관심을 가질 수는 없으니까. 그래서 서로를 투명인간 취급하는 것이 오히려 배려라고 생각하게 되었다.

그런데 그 노인은 달랐다. 그는 나를 투명인간으로 취급하지 않았다. 나를 하나의 인격체로, 만날 가치가 있는 사람으로 바라보고 있었다. 아무것도 바라지 않으면서도, 그저 나를 인정해 주기를 원하고 있었다. 너도 사람이고 나도 사람이니, 잠깐이라도 서로를 인정하고 가자는 무언의 메시지 같았다.

지금 생각해 보니 그 노인의 눈에는 어떤 외로움이 담겨 있었던 것 같다. 매일 수많은 사람들과 함께 지하철을 타지만, 정작 누구와도 진짜로 만나지 못하는 도시인의 고독 말이다. 그 고독은 나의 것이기도 했다. 우리는 모두 혼자서 살아가고 있었다. 같은 공간에 있으면서도 철저히 혼자서.

어쩌면 그 노인은 용기를 낸 것일지도 모른다. 오늘은 한 번 누군가와 눈을 맞춰 보자고, 이 메마른 일상에 작은 온기라도 만들어 보자고 마음먹었는지도 모른다. 그래서 나를 골라 바라본 것일 수도 있다. 그런데 나는 또다시 그 작은 용기를 외면해 버렸다.

　요즘 사람들은 온라인에서는 수많은 사람들과 연결되어 있다고 하지만, 정작 일상에서는 점점 더 고립되어 가고 있다. 바로 옆에 앉은 사람과도 눈 한번 마주치지 않으면서, 멀리 있는 사람과는 매일 메시지를 주고받는다. 뭔가 뒤바뀐 것 같은 느낌이다.

　그 노인과의 짧은 만남은 나에게 질문을 던졌다. 언제부터 우리는 서로를 바라보는 것을 두려워하게 되었을까? 언제부터 눈을 마주치는 것이 불편한 일이 되었을까? 그리고 그렇게 사는 것이 정말 우리를 더 행복하게 만들어 주는 걸까?

　다음에 지하철을 탈 때는 조금 다르게 해 보고 싶다. 누군가 나를 바라본다면, 피하지 말고 잠깐이라도 눈을 맞춰 보고 싶다. 미소를 지을 용기는 아직 없을지도 모르지만, 적어도 그 사람을 인정해 주고 싶다. 나도 여기 있고, 당신도 여기 있다는 것을 서로 확인해 주고 싶다.

　아마 그것만으로도 우리의 하루는 조금 덜 외로워질 것 같다. 그 노인이 내게 가르쳐 준 것이 바로 그것이었다. 작은 눈빛 하나가 얼마나 큰 위로가 될 수 있는지를.

6.2 소영아, 오늘은 울지 마라, 아빠도 참는다

소영아,
오늘만큼은 말 좀 잘 들어라.
울지 말고, 고개도 숙이지 말고, 당당하게 걸어라.
아빠도 오늘만큼은 참는다.
눈물도, 농담도, 잔소리도.

네가 두 살 때,
엄마 아빠 신혼여행 비디오 보다가
갑자기
"나는 왜 없냐"며 이불 뒤집어쓰고 펑펑 울었을 때,
아빠는 알았다.
이 아이는 평생 자기 존재감을 잃지 않을 아이라는 것을.
역시나, 오늘 보니 주인공답구나.

기억나지? 아빠 차,
현대 엑셀 중고,
할아버지 댁에 가는 오르막길에서
차가 뒤로 밀리며 요란한 굉음을 내자,
"아빠 힘들지? 내가 밀어 줄까?"라고 했던 말,
그 말 듣고 아빠는 울 뻔했다.
물론, 네가 신발 신고 내려가기도 전에
차는 이미 언덕을 다 넘었지만.

그래도 그 말 한마디에 아빠는 천국을 다녀온 기분이었다.

또 기억나니?
새로 구입한 아빠 차.
"너네 아빠 차 똥차다 야!"라고 아빠 친구가 약 올리며 널 놀리자,
"죽을래? 발로 차 뺀다!"라고 말했던,
3살짜리 애기의 그 당찬 말투.

네가 골라 온 세상 그 누구보다 따뜻한 한별이도
이와 같은 너의 모습을 곧 보게 될 거야. 곧 만나게 될 거야.

행복한 순간을 온 가족과 함께,
온 친구와 함께 같이 나누고 싶어 하는 너의 본능.
내 편이 힘들어할 때 따뜻한 방패막이가 되어 주려 하고,
내 편이 힘들어할 때 대신 그 짐을 지려 하는 따뜻한 너의 마음.
그리고
'누가 내편을 건드리기만 해 봐. 가서 발로 차 뻴 거야.'라는 너의 심정

한별이는 아직 긴장하고 있을지도 몰라.
하지만 괜찮다.
이 남자, 네 눈빛을 닮았네.
조금 겁먹었지만, 다정하고 진심이 느껴져.
아빠는 그거면 된다.

소영아,
오늘 아빠가 네 손을 잡고 걷는 이 길은
내가 너한테 해 줄 마지막 '동행'일 거야.
하지만 아빠는 서운하지 않다.
왜냐하면 이제부터는 네가
누군가를 위해 직접 '운전석'에 앉을 사람이 되었으니까.

살다 보면,
가끔은 이불 뒤집어쓰고 울고 싶을 때도 있을 거야.
그럴 땐…
음…
그래도 울지 마라. 까이꺼. 대신
"한별아 힘들지?"라고 말해 주어라.
이 말 한마디면 남자는 무장해제다.
다시 아침에 벌떡 일어나 달려나간다.
이젠 아빠 말고, 이 남자한테 말해라.
그리고 꼭 물어보아라.
"아빠 힘들지?" 바로 그 느낌으로.

해금의 줄이 딸랑 둘밖에 없듯이,
이세상에도 딸랑 너희 둘밖에 없다고 생각해라.
두줄이 화음을 이루어
온 세상 소리를 다 머금듯이,
그렇게 하모니를 이루며 살거라.

연주 영상 보니 한별이 해금 잘 켜더라.
이제 둘이서 해금을 켠다고 생각하면 된다.
그렇게 같이 소리를 만들어 가거라.

소영아,
이 말은 꼭 해야겠다.
오늘 너… 진짜 예쁘다.
어릴 때부터 귀엽더니,
드디어 정점을 찍었구나.
너를 키우면서 참 많이 웃었고,
너 덕분에 참 많이 배웠다.
이제 그 웃음, 그 사랑.
엄마 아빠한테 쏟았던 만큼보다 더 큰 고마움을
새로운 부모님께도 나누어 드려라. 그게 다다.
아빠는 언제나 여기 있다.
네 편으로, 네 팬으로.

아 참, 이제 방 좀 치우고 살아라.
속옷과 양말 아무렇게나 내팽개쳐 두지 말고…
지금까지는 엄마가 정리해주더구만, 이제부터는 모르겠다
 근데 엄마는 벌써 네가 없는 방 기웃거리더라. 뭐 청소할 것 없나 찾느라 매의 눈을 하고서… 엄마한테 자주 전화 드려라.

사랑한다, 우리 딸.

정말이지…
너무 잘 커 주었다. 고맙다.   - 아빠가 -

참고문헌

F. 카울바흐 지음, 백종현 옮김, 『임마누엘 칸트』, 아카넷, 2023.

Immanuel Kant 지음, 정찬익 옮김, 『칸트의 교육사상』, 배영사, 2020.

버트런드 러셀 지음, 서상복 옮김, 『러셀 서양철학사』, 을유문화사, 2023.

아르투르 쇼펜하우어 지음, 김욱 옮김, 『쇼펜하우어 문장론』, 지훈출판사, 2020.

코디정 지음, 『괘씸한 철학번역』, 이소노미아, 2023.

코디정 지음, 『생각의 기술』, 이소노미아, 2024.

한자경 지음, 『칸트철학에의 초대』, 서광사, 2023.

강지은 지음, 『칸트의 순수이성비판』, EBS, 2023.

박정하 지음, 『칸트의 실천이성비판』, EBS, 2023.

이충진 지음, 『칸트철학의 우회로』, 이학사, 2023.